石井義脩 著

労災認定の光と影

業務災害の公正な認定を目指して

労働新聞社

著者の紹介

石井義脩（いしいよしまさ）

産業医科大学産業衛生教授、労働衛生コンサルタント（保健衛生）、元厚生労働省職業病認定対策室長

主な経歴
1972（昭47）4　東京大学医学部保健学科卒業
1972（昭47）4　労働省に就職（ノンキャリア採用）。労働安全衛生法制定担当法規係配属
1974（昭49）4～1981（昭56）3　品川・川崎南・横浜西労基署に計4年間勤務
1976（昭51）4～2001（平13）3　労働省～厚生労働省労働基準局補償課に4回、計9年4か月勤務
1977（昭52）10～1986（昭61）3　労働省労働基準局安全衛生部労働衛生課に2回、計2年6か月勤務
1986（昭61）4～1996（平8）3　富山（2年）・栃木（1年）・大阪（2年）労働基準局（安全）衛生課長
1989（平1）4～1997（平9）3　労働福祉事業団医療事業部に2回、計4年出向
1997（平9）4～1999（平11）5　静岡労働基準局次長
1999（平11）6～2001（平13）3　厚生労働省労働基準局補償課職業病認定対策室長
2001（平13）3　厚生労働省を退職
2001（平13）4～2011（平23）9　（財）産業医学振興財団業務部長～事務局次長
2005年（平17）3　労働衛生コンサルタント（保健衛生）資格取得
2012（平24）1～2015（平27）5　（公社）全国労働衛生団体連合会非常勤嘱託（週2日勤務）
2013（平25）10～現在　産業医科大学産業衛生教授の称号授与

主な講義・講演
○東京大学医学部非常勤講師：公衆衛生学（5年間）、健康科学・看護学科（20年間1997～2016年）
○医師会、団体等の産業医研修会講師（1994年～現在）
○日本・職業災害医学会における教育講演：過労死（2003年）、胆管がん（2013年）
○三重大学医学部非常勤講師（2004年度～現在）
○労働大学校における労働行政職員向け講義（2005～2012年度）
○日本体育大学保健医療学部非常勤講師（2017～2019年度、年30回講義）
○順天堂大学大学院非常勤講師（2022年～現在）　ほか

主な著作
1985（昭60）心因性精神障害の労災認定事例、労働の科学、40(6)、15-18
2004（平16）過労死に学ぶ労災認定理論［総説論文］、日本職業・災害医学会会誌52(3)、138-141
2011（平23）Takahashi K.&Ishii Y.Historical developments of administrative measures for occupational diseases in Japan（A report commissioned by the ILO）、1-29
2020（令2）産業保健の記録2020―産業保健政策の変遷と課題―［単著・ＣＤ‐ＲＯＭ］自費出版
2021（平31）石井家の人びと―「仕事人間」を超えて―［共著］、日本経済評論社
2023（令5）産業医・産業保健スタッフのためのわかりやすい産業保健の法令と実践［単著・単行本］、バイオコミュニケーションズ㈱
2024（令6）わが国におけるじん肺に合併した肺がんの労災補償制度の変遷［総説論文］、産業衛生学雑誌、66巻4号、143-154　ほか

目次

著者の紹介 …………………………………………………………… 3
目次 …………………………………………………………………… 4
はじめに ……………………………………………………………… 8

第1章　災害主義とその検証 ……………………………………… 11
　第1節　戦前の労災認定の考え方 ……………………………… 12
　　1　明治前期の国営工場労働者の災害補償………………… 12
　　2　明治後期の鉱山労働者の保護…………………………… 15
　　3　工場法の制定……………………………………………… 16
　　4　労働者災害扶助法と労働者災害扶助責任保険法の制定…… 23
　　5　戦前における労災補償制度のポイント………………… 26
　第2節　労働基準法及び労働者災害補償保険法 ……………… 27
　　1　労働基準法………………………………………………… 27
　　2　労働者災害補償保険法…………………………………… 32
　　3　労働基準法と労働者災害補償保険法のポイント……… 38
　第3節　「災害主義」の誤り …………………………………… 39
　　1　業務上疾病の限定とその誤り…………………………… 39
　　　〔1〕業務上疾病の限定の主張の背景 ………………… 40
　　　〔2〕業務上疾病の限定の理由 ………………………… 41
　　2　長谷川銈一郎著書の労災認定の理論とその誤り……… 42
　　　〔1〕「災害」の定義等 ………………………………… 42
　　　〔2〕わが国の認定方式 ………………………………… 47
　　3　「災害主義」とその誤り………………………………… 49
　　　〔1〕労働者性のない有害業務従事期間を含む事例
　　　　　（じん肺症の事例）………………………………… 51
　　　〔2〕過労死（脳・心臓疾患）の認定基準改正
　　　　　（2001年（平13）12月） …………………………… 52
　第4節　複数業務要因災害に関する保険給付の導入の誤り ………… 56
　　1　問題点の認識……………………………………………… 57
　　2　給付基礎日額（平均賃金）の算定方法の歴史的経過……… 58
　　　〔1〕当初の解釈例規（通達による説明） ……………… 58

〔2〕裁判事例 ……………………………………………… 58
　〔3〕2004年（平16）7月の「労災保険制度の在り方
　　　に関する研究会中間とりまとめ」………………… 62
　〔4〕副業・兼業の促進への政策転換 ………………… 63
　〔5〕副業・兼業促進の時代背景 ……………………… 65
　3　複数業務要因災害に関する保険給付の創設とその考え方… 68
　〔1〕労基法の災害補償責任と労災保険法による
　　　労災補償制度………………………………………… 68
　〔2〕施行通達による説明の問題点 …………………… 72
　〔3〕従来の考え方－災害主義の残像－ ……………… 79
　〔4〕まとめ ……………………………………………… 83
　〔5〕代替案 ……………………………………………… 84

第2章　労災認定の在り方 ……………………………………… 87
　第1節　労災補償制度の基本 ……………………………… 88
　　1　労働者災害補償保険法の立法趣旨……………………… 88
　　2　労災補償の法的義務…………………………………… 89
　　3　無過失責任賠償………………………………………… 91
　第2節　労災補償の対象となる事由 ……………………… 92
　　1　保険給付の対象………………………………………… 92
　　2　業務上疾病……………………………………………… 94
　　〔1〕労働基準法施行規則別表第一の二（業務上疾病リスト）と
　　　　その意義 …………………………………………… 94
　　〔2〕業務上疾病リストの内容 ………………………… 96
　第3節　業務上の認定 ……………………………………… 105
　　1　「業務上」とは ……………………………………… 105
　　〔1〕条件関係 ………………………………………… 107
　　〔2〕相当因果関係 …………………………………… 109
　　〔3〕条件関係に加わって相当因果関係が肯定される
　　　　要件………………………………………………… 111
　　2　最高裁判決に基づく今後の認定方式………………… 114
　　〔1〕東大ルンバール事件 …………………………… 114
　　〔2〕横浜南労基署長事件（東京海上横浜支店事件）… 116
　　3　副業・兼業の場合の労災認定………………………… 119

4　立証責任……………………………………………………121
　第4節　労災認定における留意事項 ……………………………122
　　1　労働者性……………………………………………………122
　　　〔1〕労働者の定義 ……………………………………… 122
　　　〔2〕法令による適用除外 ……………………………… 123
　　　〔3〕会社の役員は原則として労働者に該当しない … 124
　　　〔4〕労働基準法研究会の「労働者」の判断基準 …… 125
　　　〔5〕在宅勤務者の労働者性 …………………………… 130
　　　〔6〕労災保険の特別加入者 …………………………… 134
　　　〔7〕その他判例等で労働者性の認められない者 …… 135
　　　〔8〕技能実習生の労働者性 …………………………… 135
　　　〔9〕特定受託事業者に係る取引の適正化等に
　　　　　関する法律……………………………………………136
　　　〔10〕今後の労働者性 …………………………………… 137
　　2　個別事例などにみる留意事項……………………………138
　　　〔1〕和歌山ベンジジン訴訟 …………………………… 138
　　　〔2〕労災認定に対する事業主の不服申立て ………… 140
　　　〔3〕治療機会の喪失 …………………………………… 142
　　　〔4〕医療実践上の不利益に基づく補償 ……………… 143
　　　〔5〕出張中の傷病等 …………………………………… 145
　　　〔6〕企業スポーツ選手の傷病等 ……………………… 146
　　3　今後の課題となると考えられる事例……………………147
　　　〔1〕宇宙線による健康障害 …………………………… 147
　　　〔2〕傷病等に該当しない健康影響への対処 ………… 147

第3章　公正な労災認定 …………………………………… 149
　第1節　労災認定実務の基礎 ……………………………………150
　　1　医学への理解………………………………………………150
　　　〔1〕EBM（根拠に基づく医学・医療） ………………… 150
　　　〔2〕量－影響関係 ……………………………………… 152
　　　〔3〕医学情報と労災認定事例 ………………………… 152
　　2　不公正な考え方の排除……………………………………154
　　　〔1〕政策論の介入の排除 ……………………………… 154
　　　〔2〕経済論の介入の排除 ……………………………… 155

〔3〕認定しないのがよいとする同調圧力の排除 …… 155
　　〔4〕不誠実な行政職員の対応 …………………… 156
　第2節　本省における実務 ……………………………… 157
　　1　業務上疾病リストの改正……………………………… 157
　　〔1〕定期的な検討の確保 …………………………… 157
　　〔2〕不適切な業務上疾病リストの改正（その1）…… 161
　　〔3〕不適切な業務上疾病リストの改正（その2）…… 162
　　2　認定基準の整備……………………………………… 165
　　〔1〕認定基準策定・改正の取組みの促進 ………… 165
　　〔2〕既存の認定基準の改正の必要性 ……………… 167
　　3　調査実施要領の整備その他認定実務の支援等……… 169
　　〔1〕調査実施要領の整備 …………………………… 169
　　〔2〕労災認定のバイブル「労災保険　業務災害・
　　　　通勤災害認定の理論と実際」の改訂…………… 170
　　〔3〕厚生労働本省から労働局・労働基準監督署への
　　　　その他の支援………………………………………　171
　　4　業務上疾病の労災補償状況の統計………………… 172
　　〔1〕2つの業務上疾病統計 ………………………… 172
　　〔2〕労災認定数の統計の在り方 …………………… 172
　　5　AIの導入による労災認定は不適切 ……………… 173
　第3節　労災認定の実務 ………………………………… 174
　　1　概説…………………………………………………… 174
　　2　業務上疾病に関する認定の実務…………………… 175
　　3　労災認定に当たっての心構え……………………… 178
おわりに ………………………………………………………… 179

はじめに

　多くの国民、労働者が正しく認識しているように、労働災害、とりわけ仕事で病気にかかった場合の労災認定は、なかなか難しいものがあります。

　それでも労働基準行政は労働者保護を目的としていることをきちんと認識して公正な労災認定が行われるように努力している職員がおられます。このような良識派の職員は少数ですが、他の職員と異なり有能な方々であり、行政内部で議論したりする場合には、良識派の職員の発言は多くの場合説得力があって、インモラル派（良識派の反対語が分からないので、仮にこのように表現します。）の職員の発言を圧倒しています。

　インモラル派の職員の発言は、感情に基づくものが少なくなく、説得力に欠ける傾向があります。なぜそのような発言や議論が生ずるのかは第3章で分析します。

　公正な労災認定は、この言葉自体は難しくないですが、労災認定の実務を行う場面でも正しく理解し、実践することは容易ではありません。

　本書は、労災認定を正しく理解するために、第1章では昭和30年代から定着してしまった「災害主義」について詳しく検証して排除すべきものであることを明らかにし、2020年（令2）の労働者災害補償保険法の改正で登場した「複数業務要因災害に関する保険給付」も「災害主義」に基づくものですので誤りであることを示しました。

　第2章では、本来の労災認定はいかにあるべきかについて述べました。

　そして第3章では、これまでの労災認定に係る姿勢の誤ってきた原因を追究し、公正な労災認定をどのように確保すべきかについて述べました。

　振り返ってみると、昭和30年代に間違った方向を示す書籍が登場し、当時の労働行政がこの書籍に心酔して飛びついた経過があります。具体的には、「災害補償法研究　業務災害認定の理論と実際」（1956年（昭31）、長谷川鋠一郎著、保健同人社発行）という書籍（以下「長谷川鋠一郎著書」といいます。）です。

　当時の労働省の労災認定の担当部署（労働基準局労災補償部補償課）は、それまで労災認定の理論書といったものがなかったこともあって長谷川鋠一郎著書に大いに感銘し、その後の労災認定の考え方の基礎とするように

なります。そして、1961年（昭36）3月に労働省労働基準局労災補償部が編著となり「労災補償　業務上外認定の理論と実際―負傷の部―」という書籍を（財）労働法令協会（当時）から発行し、その「第一篇　総論」の中に長谷川鋠一郎著書の主要部分をそのまま記述しています。おそらく長谷川鋠一郎医師の了承を得たものと思われます。この新たな書籍は、その後も数年～10年ぐらいの間隔をおいて改訂版が発行されており、現在の最新版は「労災保険　業務災害・通勤災害認定の理論と実際」（上巻2009年・下巻2010年、㈱労務行政研究所編、同社発行）として発行され、長谷川鋠一郎著書の主要部分はそのまま踏襲されています。この書籍は、各論の解説も詳しく記述されており、かねてより労働基準監督署における「労災認定のバイブル」と呼ばれています。

　長谷川鋠一郎著書の執筆者である長谷川鋠一郎は医師であり逓信省において保健の実務に携わっており、戦前のドイツ留学の際にドイツ、イギリス、フランスの判例などを研究した結果をもとに、当時のヨーロッパ流の認定理論をわが国に採用すべき旨を述べていますが、日本において既に構築されていた法令とその考え方を無視しているため、相容れない考え方が基礎になっています。

　長谷川鋠一郎著書の基本的な考え方は、
　　災害補償の対象になる疾病は、
① 　具体的に列挙された職業病
② 　発病前24時間以内の業務に関連する出来事に起因する災害疾病、
の二つだけである。
　そして、これら以外の疾病は業務との因果関係が証明されたものでも災害補償の対象ではなく、法律でこのように制限すべきであるとしています。
　実際には、このような考え方に基づく法律改正は行われておらず、労災補償行政を運用するうえで、考え方を活用してきた経過になっています。
　例えば、過労死（脳・心臓疾患）の最初の認定基準「中枢神経及び循環器系疾患（脳卒中、急性心臓死等）の業務上外認定基準について」（1961年（昭36）2月13日基発第116号）は、長谷川鋠一郎医師がその認定基準の策定のための専門家会議の委員に加わっており、長谷川鋠一郎医師の考え方に沿って策定されたものになっています。すなわち、脳・心臓疾患が上記②の災害疾病に該当する場合にのみ認定するという考え方です。

この認定基準はその後に改正されていますが、②だけを認定するという基本的な考え方は2001年（平13）12月の抜本改正まで続くことになります。

わが国の既存の考え方との相違を精査することなく、1960年（昭35）前後に労働省の労働基準局労災補償部において長谷川鍈一郎医師の考え方をそっくり労災認定理論として実務上採用してしまったという経過が認められます。ここでいう既存の考え方とは、民間の工場労働者の災害補償規定が最初に定められました工場法[*]の通達[**]の中で、災害補償の対象となる疾病のリストが示され、その末尾に「前記以外の疾病で業務上の疾病と認められるもの」と記載されており、業務との因果関係が認められたものは全て災害補償の対象であるという趣旨が含まれていることを指します。

当時から、長谷川鍈一郎著書の考え方を「災害主義」と呼んでおり、長年にわたり労災補償行政の職員やその職員に医学専門的立場から指導する非常勤の中央労災医員・地方労災医員などの間で定着してきたものです。ちなみに、再審査請求が行われる労働保険審査会では、1965年（昭40）10月に、長谷川鍈一郎医師が情報誌「労働福祉」に連載した解説記事をまとめて「労災保険の理論と実際について―業務災害認定の問題―」という印刷物（ガリ版印刷、202ページ）を作成して勉強材料としていた様子がうかがえます。

なお、2001年（平13）12月の過労死（脳・心臓疾患）の認定基準[***]は、上記の「災害主義」を脱却した考え方による抜本的な改正がなされたものですが、厚生労働省の担当職員はこれを理解できず、労災認定の理論の一般論は依然として「災害主義」にあるものとして説明しています。

本書は、長谷川鍈一郎医師の理論、災害主義の内容を解明したうえでこれを破棄し、本来、労災認定はどのようなものであるべきかを探求し、行政関係者を含む一般の方々の理解を得ようとするものです。

　＊工場法：1911年（明44）3月28日法律第46号、1916年（大5）9月1日施行
　＊＊工場法の通達：農商務省商工局長通達1916年（大5）8月19日発商局第5887号
　＊＊＊厚生労働省労働基準局長通達2001年（平13）12月12日基発第1063号「脳血管疾患及び虚血性心疾患等（負傷に起因するものを除く。）の認定基準について」

第1章　災害主義とその検証

－長谷川鋩一郎著書「災害補償法研究　業務災害認定の理論と実際」について－

第1節　戦前の労災認定の考え方

　本節では、後に述べる「災害主義」が戦前からのわが国の災害補償制度を無視して登場してきたことを明らかにするため、明治初期に制定されました明治政府の国有工場における災害補償制度、1890年（明23）に制定されました鉱業条例から始まる明治後期の鉱山労働者の保護、1911年（明44）に制定されました工場法による民間工場労働者の保護、1931年（昭6）に制定されました労働者災害扶助法と労働者災害扶助責任保険法による鉱業・工場労働者以外の主として屋外産業労働者の保護を紹介し、当時の災害補償の考え方などを記述しています。

1　明治前期の国営工場労働者の災害補償

　1873年（明6）に、工部省が「各寮ニ傭使スル職工及ヒ役夫ノ死傷賑恤規則」を定めました。官業労働者対象の日本最初の労働保護立法であるとされており、死亡5円、重傷2円50銭、その他医薬料支給などの災害補償制度を定めています。

　1875年（明8）に、上記規則が廃止され、官役人夫死傷手当規則（同年4月9日太政官達第54号）が定められ、官庁の行う諸工事に従事した者がその職事のために死亡し、又は負傷した場合に保険給付に当たる手当金として所定の扶助料、埋葬料又は療養料を支払うというものです。なお、「太政官達」とは明治時代初期に最高官庁として設置された太政官によって公布された法令をいいます。

　これらの法令が登場した時代背景としては、殖産興業政策にあるといえます。その初期においては、江戸幕府所有の工場を明治政府が接収したことにより軍事工場等の操業がなされました。1870年（明3）には工部省の設置とともに、江戸幕府が所有していた生野・佐渡鉱山や南部藩営小坂鉱山を接収しています。富国強兵のために鉄道事業と鉱山が重視されました。また、富岡製糸場（1872年（明5）開業）をはじめ造船、機械製作、

セメント、ガラスなどの工場も操業が始められました。明治初期にはこれらの多くは官営工場でしたが、緊縮財政が必要となり、殖産興業政策を見直すことになり、1880年（明13）には工場払下概則が制定され、1884年（明17）以降に政府から民間への払下げが本格化しました。[1]

官役人夫死傷手當規則による扶助は「其職事ノタメ死傷候節ハ」との文言に見られるように、現行の労働基準法・労働者災害補償保険法の「業務上」と同様の要件が支給要件になっていたと考えられます。

官役人夫死傷手當規則の全文は、次のとおりです。

官役人夫死傷手當規則（1875年（明8）4月9日太政官達第54号）

官庁ノ諸工事ニ使役スル者其職事ノタメ死傷候節ハ自今左ノ規則ニ照準シ処分可致此旨相達候事但本文手当金ノ儀院省使応ハ定額金ノ内ヨリ府県ハ予備金ノ内ヨリ繰替仕払置追テ別途請取方大蔵省ヘ可申出事

　官役人夫死傷手当規則

第1条　凡ソ各庁ニ於テ工事ニ使役スル者死傷スル時ハ手当ヲ為スヘシ其傷痍ノ軽重ヲ分テ5等トス左ノ如シ
　　第1等　重傷死ニ至ル者
　　第2等　重傷死ニ至ラスト雖モ終身自用ヲ弁スル能ハサル者
　　第3等　自己ノ動作ヲ得ルト雖モ終身事業ヲ営ムル能ハサル者
　　第4等　譬ヘ事業ヲ営ムルヲ得ルト雖モ身体を毀傷シテ旧ニ復スルヲ得サル者
　　第5等　身体ヲ毀傷スルト雖モ一時ノ治療ヲ以テ旧ニ復スルヲ得ル者
第2条　凡ソ死傷人アル時ハ其原由ト軽重トヲ検察シ医員ノ診断証書ヲ審査シ表面ニ照シテ救助金ヲ与フヘシ
第3条　手当金ヲ分ツテ療養扶助埋葬ノ3種トス
　一　1等傷ニ罹リ死スル者ハ療養料扶助料埋葬料ヲ給与ス若シ遺族ナケレハ扶助料ヲ給セス但即死シテ療治ニ掛ラサル者ヘハ療養料ヲ給セス且療養中全ク他病ノタメニ死スル者ヘハ扶助料ヲ給セス
　一　2等3等4等傷ニ罹ル者ハ療養料扶助料給与スヘシ
　一　5等傷ニ罹ル者ハ療養料ノミヲ給与スヘシ

第1節　戦前の労災認定の考え方

第4条　傷痍ノ軽重ハ即時ニ確定シ難シト雖モ其実況ヲ見計ヒ即時ニ療養料ヲ給シ置キ治療ノ後医員2名以上ノ診断証書ト其容体トヲ審査シ相当ノ給与スヘシ

死傷手当表

	1等傷	2等傷	3等傷	4等傷	5等傷
扶助料	30円	20円	15円	10円	
埋葬料	10円				
療養料	疵ノ軽重ニヨリ適度ヲ量テ給ス	同上	同上	同上	同上

　官役人夫死傷手当規則は、1907年（明40）に廃止され、代わって官役職工人夫扶助令(同年5月10日勅令第186号)が制定されました。なお、「勅令」とは1986年（明19）以降の「太政官達」などに代わる法令の形式です。

　官役職工人夫扶助令においては、「政府ニ於テ使役スル職工、人夫其ノ他ノ傭人自已ノ重大ナル過失ニ因ルニ非スシテ業務上傷痕ヲ受ケ、疾病ニ罹リ又ハ死亡シタルトキハ特別ノ規定アルモノヲ除クノ外本令ニ依リ扶助金ヲ給ス」（第1条）と規定されました。扶助金の支給要件は「業務上」と明記されています。また、疾病が支給対象とされるとともに、被災者本人の重大な過失があるときは支給されないとされました。

　官役職工人夫扶助令は、1918年（大7）に廃止され、代わって傭人扶助令（同年11月21日勅令第382号）が制定されました。傭人扶助令においては、「政府ハ其ノ雇傭スル職工、鉱夫其ノ他ノ傭人業務上負傷シ、疾病ニ罹リ又ハ死亡シタル場合ニ於テハ本令ニ依リ扶助金ヲ支給ス但シ傭人自己ノ重大ナル過失ニ因ル場合ハ此ノ限ニ在ラス　扶助金ノ支給ヲ受クヘキ者法令ニ依リ同一ノ原因ニ付損害賠償ヲ受ケタルトキハ其ノ金額ハ扶助金ノ額ヨリ之ヲ控除ス　扶助金ノ支給ハ傭人ヲ解雇スルモ変更スルコトナシ」（第1条）と規定しています。扶助金の支給要件は「業務上」であり、変更はありません。なお、1928年（昭3）6月8日勅令第109号による傭人扶助令の改正（同日施行）によって、「但シ傭人自己ノ重大ナ

ル過失ニ因ル場合ハ此ノ限ニ在ラス」が削除されています。

傭人扶助令は、1951年（昭26）に廃止され、代わって国家公務員災害補償法（同年6月8日法律第191号）が制定され、今日に至っています。

2 明治後期の鉱山労働者の保護

1890年（明23）に鉱業条例（同年9月25日法律第87号）が、1892年（明25）に鉱業警察規則（農商務省令第7号）が制定され、同年6月1日に施行されました。鉱業条例には安全衛生・扶助の規定、鉱山監督署長の権限等の規定が置かれています。鉱業条例による扶助の規定は、次のとおりです。支給要件は「就業中」となっており、因果関係が特定しやすい「負傷」などを対象としています。

鉱業条例（1890年（明23）法律第87号）（抜粋）

第72条 鉱業人ハ左ノ場合ニ於テ其ノ雇入鉱夫ヲ救恤スヘシ
其ノ救恤規則ハ所轄鉱山監督署長ノ認可ヲ受クヘシ
　一 鉱夫自己ノ過失ニ非スシテ就業中負傷シタル場合ニ於テ診察費及療養費ヲ補給スルコト
　一 前項ノ場合ニ於テ鉱夫ニ療養休業中相當ノ日當ヲ支給スルコト
　一 前項ノ負傷ニ由リ鉱夫ノ死亡シタルトキ埋葬料ヲ補給シ及遺族ニ手當ヲ支給スルコト
　一 前項ノ負傷ニ由リ癈疾トナリタル鉱夫ニ期限ヲ定メ補助金ヲ支給スルコト

1905年（明38）、鉱業法（同年3月8日法律第45号）が制定され、同年7月1日に施行されました。これに伴い、鉱業条例は廃止されました。

鉱業法による扶助の規定は次のとおりです。「疾病」が扶助の対象とされるとともに、扶助の要件が「業務上」と記述され、今日に至るまで変更

がありません。

> **鉱業法（1905年（明38）法律第45号）（抜粋）**
>
> 第80条　鉱夫自己ノ重大ナル過失ニ因ラスシテ業務上負傷シ疾病ニ罹リ又ハ死亡シタルトキハ鉱業権者ハ命令ノ定ムル所ニ従ヒ鉱夫又ハ其ノ遺族ヲ扶助スヘシ

　海上労働者の保護に関しては、1899年（明32）制定の商法（同年3月9日法律第48号。同年6月施行）の第5篇第2章第2節に保護規定が設けられており、職務上の傷病については原則として船舶所有者において3か月間治療及び看護の費用を負担すること、職務上の傷病については療養中給料を支給すること、職務上の死亡については船舶所有者が葬祭料を支給することなどが定められています。

3　工場法の制定

　1881年（明14）4月7日に農商務省が設置され、翌1882年（明15）に工場法立案に着手しました。民間企業の激しい反対もあり、およそ30年を経て1911年（明44）にようやく帝国議会で成立し、同年3月29日法律第46号として公布されました。
　工場法の主要な規定は、次のとおりです。
- 〇　適用範囲：常時職工15人以上の工場など
- 〇　最低年齢：12歳。10歳までの例外あり。
- 〇　労働時間：保護職工（女子及び満15歳未満の男子）について最長労働時間12時間、15年間2時間延長可。15歳以上の男子の労働時間の制限はなし。
- 〇　深夜業禁止：15年間猶予
- 〇　業務上の負傷、疾病又は死亡に対する扶助

業務上の負傷、疾病又は死亡に対する扶助については、次の規定があるだけで、詳細は勅令に委ねています。

工場法（1911年（明44）法律第46号）（抜粋）

第15条　職工自己ノ重大ナル過失ニ依ラスシテ業務上負傷シ、疾病ニ罹リ又ハ死亡シタルトキハ工業主ハ勅令ノ定ムル所ニ依リ本人又ハ其ノ遺族ヲ扶助スヘシ

　1915年度（大4）の予算執行が認められたことにより、行政組織の整備、施行勅令、施行規則の制定に向けて動き出し、1916年（大5）8月2日に工場法施行令（勅令第193号）、工場法施行規則（農商務省令第19号）が公布され、同年9月1日から工場法が施行されました。
　工場法施行令、工場法施行規則の主な規定は、次のとおりです。

工場法施行令（1916年（大5）勅令第193号）（抜粋）

　第1章　通則
第1条　左ニ掲クル事業ノミヲ営ム工場ニ付テハ工場法の適用ヲ除外ス但シ農商務大臣ノ定ムル原動機ヲ用イルモノハ此ノ限リニ在ラス
　　菓子、飴又ハ麺麹ノ製造（以下　略）
第2条　鉱業法ノ適用ヲ受クル工場ニ付テハ工場法ノ適用ヲ除外ス
第3条　左ニ掲クル事業ヲ営ム工場ハ工場法第1条第1項第2号ニ該当スルモノトス

　　毒劇物又ハ毒劇薬ノ製造　　動物ノ剥製　　金属ノ溶融又ハ精錬　　水銀ヲ用イル計器ノ製造　　燐寸ノ製造　　火薬、爆発又ハ火工品ノ製造又ハ取扱　　塗料又ハ顔料ノ製造　　「エーテル」ノ製造　　溶剤ヲ用イル護謨製品ノ製造　　脂肪油ノ精製　　溶剤ヲ用イル油脂ノ採収　　ボイル油ノ製造　　礦油ノ蒸留又ハ精製　　乾燥油又ハ溶剤ヲ用イル擬革紙布又ハ防水紙布ノ製造　　亜硫酸瓦斯、塩素瓦斯又ハ水素瓦斯ヲ用

第1節　戦前の労災認定の考え方

イル事業　金属、骨、角又ハ貝殻ノ乾燥研磨　硝子ノ製造、腐蝕、砂吹又ハ粉砕　織物又ハ編物ノ起毛　製綿　麻ノ梳解　其ノ他農商務大臣ノ命令ヲ以テ指定シタル事業

第2章　職工又ハ其ノ遺族ノ扶助

第4条　職工業務上負傷シ、疾病ニ罹リ又ハ死亡シタルトキハ工業主ハ当該職工ノ重大ナル過失ニ因ルコトヲ証明シタル場合ノ外本章ノ規定ニ依リ扶助ヲ為スヘシ但シ扶助ヲ受クヘキ者民法ニ依リ同一ノ原因ニ付損害賠償ヲ受ケタルトキハ工業主ハ扶助金額ヨリ其ノ金額ヲ控除スルコトヲ得

　　前項扶助ノ義務ハ別段ノ定アル場合ヲ除クノ外職工ノ解雇ニ因リテ変更セラルルコトナシ

第5条　職工負傷シ又ハ疾病ニ罹リタルトキハ工業主ハ其ノ費用ヲ以テ療養ヲ施シ又ハ療養ニ必要ナル費用ヲ負担スヘシ

第6条　職工療養ノ為労務ニ服スルコト能ハサルニ因リ賃金ヲ受サルトキハ工業主ハ職工ノ療養中1日ニ付賃金2分ノ1以上ノ扶助料支給スヘシ但シ其ノ支給引続キ3月以上ニ渉リタルトキハ其ノ後ノ支給額ヲ3分ノ1迄ニ減スルコトヲ得

第7条　職工ノ負傷又ハ疾病治療シタル時ニ於テ左ノ各号ノ一ニ該当スル程度ノ身体障害ヲ存スルトキハ工業主ハ左ニ掲クル区別ニ依リ扶助料ヲ支給スヘシ

　一　終身自用ヲ弁スルコト能ハサルモノ　賃金170日分以上
　二　終身労務ニ服スルコト能ハサルモノ　賃金150日分以上
　三　従来ノ労務ニ服スルコト能ハサルモノ、健康舊ニ復スルコト能ハサルモノ又ハ女子ノ外貌ニ醜痕ヲ残シタルモノ　賃金100日分以上
　四　身体を傷害シ舊ニ復スルコト能ハサルト雖引続キ従来ノ労務ニ服スルコトヲ得ルモノ　賃金30日分以上

第8条　職工死亡シタルトキハ工業主ハ遺族ニ賃金170日分以上ノ遺族扶助料ヲ支給スヘシ

第9条　職工死亡シタルトキハ工業主ハ葬祭ヲ行フ遺族ニ10円以上ノ葬祭料ヲ支給スヘシ

第10条　遺族扶助料ヲ受クヘキ者ハ職工ノ配偶者トス
　　第2項〜第13条（略）

第14条　第5条ノ規定ニ依リ扶助ヲ受クル職工療養開始後3年ヲ経過スルモ負傷又ハ疾病治癒セサルトキハ工業主ハ賃金170日分以上ノ扶助料ヲ支給シ以後本章ノ規定ニ依ル扶助ヲ為ササルコトヲ得

第15条～第17条（略）

第18条　地方長官ハ職権ヲ以テ又ハ申請ニ因リ職工ノ負傷、疾病若ハ死亡ノ原因、第7条各号ニ掲クル身体障害ノ程度其ノ他扶助ニ関スル事項ニ付之ヲ審査シ及事件ノ調停ヲ為スコトヲ得

　前項ノ場合ニ於テ必要ト認ムルトキハ医師ヲシテ診断又ハ検案セシムルコトヲ得

第19条　工業主ハ扶助規則ヲ作成シ扶助ノ金額、手続其ノ他扶助ニ関シ必要ナル事項ヲ定メ之ヲ地方長官ニ届出ツヘシ扶助規則ヲ変更セムトスルトキモ亦同シ

　地方長官必要ト認ムルトキハ扶助規則ノ変更ヲ命スルコトヲ得

第20条（略）

第3章　職工ノ雇入、解雇及周旋

第21条～第25条（略）

第26条　尋常小学校ノ教科ヲ修了セサル学齢児童ヲ雇用スル場合ニ於テハ工業主ハ就学ニ関シ必要ナル事項ヲ定メ地方長官ニ認可ヲ受クヘシ

第27条　未成年者若ハ女子力工業主ノ都合ニ依リ解雇サラレ又ハ第5条若ハ第6条ノ規定ニ依リ扶助ヲ受クル職工若ハ第7条第1項第2号ニ該当スル職工解雇セラレ解雇ノ日ヨリ15日以内ニ帰郷スル場合ニ於テハ工業主ハ其ノ必要ナル旅費ヲ負担スヘシ第14条ノ規定ニ依リ扶助ヲ廃止セラレタル者廃止ノ日ヨリ15日以内ニ帰郷スル場合亦同シ

　第18条ノ規定ハ前項ノ旅費ニ関シ之ヲ準用ス

第4章　徒弟

第28条　工場ニ収容スル徒弟ハ左ノ各号ノ条件ヲ具備スルコトヲ要ス

一　一定ノ職業ニ必要ナル知識技能ヲ習得スルノ目的ヲ以テ業務ニ就クコト

二　一定ノ指導者指揮監督ノ下ニ教習ヲ受クルコト

三　品性ノ修養ニ関シ常時一定ノ監督ヲ受クルコト

>   四　地方長官ノ認可ヲ受ケタル規程ニ依リ修養セラルルコト
>
> 第29条（略）
>
> 第30条　徒弟未成年者又ハ女子ナル場合ニ於テハ其ノ就業ニ付15歳未満ノ者又ハ女子ニ関スル工場法ノ規定ニ準拠シテ危険ヲ避ケ及衛生上ノ有害ヲ防クノ方法ヲ定ムヘシ
>
>   第26条及之ニ関スル罰則ハ之ヲ準用ス
>
> 第31条・第32条（略）
>
>   　　第5章　罰則
>
> 第33条～第36条（略）

労働者の重大過失については、工場法施行令第4条に「工業主ハ当該職エノ重大ナル過失ニ因ルコトヲ証明シタル場合ノ外本章ノ規定ニ依リ扶助ヲ為スヘシ但シ…」と規定され、重大過失による扶助義務の否定を厳格化しています。

> **工場法施行規則（1916年（大5）農商務省令第19号）（抜粋）**
>
> 第1条・第2条（略）
>
> 第3条　器械生糸製造ノ業務及地方長官ノ告知シタル工場ニ於ケル輸出絹織物ノ業務ニ付テハ工業主ハ15歳未満ノ者及女子ノ1日ノ就業時間ヲ工場法施行後5年間ハ14時間迄其ノ後10年間ハ13時間迄延長スルコトヲ得
>   織物及編物ノ業務ニ付テハ工業主ハ15歳未満ノ者及女子ノ1日ノ就業時間ヲ工場法施行後2年間ハ14時間迄延長スルコトヲ得
>
> 第4条・第5条（略）
>
> 第6条　工場法第10条ニ掲クル業務ノ範囲左ノ如シ
>   一　砒素若ハ水銀又ハ其ノ化合物、黄燐、硫化燐、チアン水素酸、「チアンカリウム」、フルオール水素酸、硫酸、硝酸、塩酸、苛性ナトロン、石炭酸其ノ他之ニ準スヘキ毒劇性料品ヲ取扱フ業務
>   二　「カリウム」、「ナトリウム」、過酸化ナトリウム、「エーテル」、石油ベンヂン、「アルコホル」、二硫化炭素其ノ他之ニ準スヘキ発火性又ハ引火

性ノ性料品ヲ取扱フ業務
　三　火薬、爆薬又ハ火工品ヲ取扱フ場所ニ於ケル業務
　四　金属、鋳物、土石、骨、角、襤褸、獣毛、綿、麻、藁等ノ塵埃、粉末ヲ著シク飛散スル場所ニ於ケル業務
　五　砒素、水銀、黄燐、鉛、チアン水素酸、「フルオール」、「アニリン」、「クローム」若ハ「クロール」又ハ其ノ化合物其ノ他之ニ準スヘキ有害料品ノ粉塵、蒸気若ハ瓦斯又ハ酸性瓦斯ヲ発散スル場所ニ於ケル業務
　六　多量ノ高熱物体ヲ取扱フ業務又ハ金属、鋳物、土石類ノ溶融若ハ煆燒ヲ為ス高熱ノ場所、高熱ノ乾燥室其ノ他之ニ準スヘキ場所ニ於ケル業務

第7条（略）

第8条　工業主ハ左ニ掲クル疾病ニ罹レル者ヲシテ就業セシムルコトヲ得ス但シ第4号又ハ第5号ニ掲クル疾病ニ罹レル者ニ付伝染予防ノ処置ヲ為シタル場合ハ此ノ限リニ在ラス
　一　精神病
　二　癩、肺結核、喉頭結核
　三　丹毒、再帰熱、麻疹、流行性脳脊髄膜炎其ノ他之ニ準スヘキ急性熱性病
　四　黴毒、疥癬其ノ他伝染性皮膚病
　五　膿漏性結膜炎、トラホーム（著シク伝染ノ虞アルモノ）其ノ他之ニ準スヘキ伝染性眼病

　　工業主ハ肋膜炎、心臓病、脚気、関節炎、腱鞘炎、急性泌尿生殖器病其ノ他ノ疾病ニ罹レル者ニシテ就業ノ為病症増悪ノ虞アル場合ハ之ヲ就業セシムルコトヲ得ス

　　工業主ハ伝染病又ハ重大ナル疾病ニ罹レル者ニシテ其ノ症候消失シタル後ト雖健康ノ回復セサル場合ハ之ヲ就業セシムルコトヲ得ス但シ医師ノ意見ヲ徴シ支障ナシト認ムル場合ハ此ノ限リニ在ラス

第9条〜第13条（略）

第14条　職工就業中又ハ工場及附属建設物内ニ於テ負傷シ、疾病ニ罹リ又ハ死亡シタルトキハ工業主ハ遅滞ナク医師ヲシテ診断又ハ検案ヲ為サシムヘシ

第15条〜第27条（略）

1916年（大5）には、鉱業法（明治38年法律第45号）に基づき鉱夫労役扶助規則（農商務省令第21号）及び鉱業警察規則改正（農商務省令第22号）が制定され、同年9月1日から施行されました。
　工場法や鉱業法の扶助に関する規定に関し、その対象となる疾病を具体的に列挙している通牒（通達）が次のとおり示されています。

工場法関係通牒（1916年（大5）8月9日商第5887号）
①　砒素、砒素化合物、水銀、水銀化合物、燐、燐化合物、鉛、鉛化合物、チアン水素酸、その他毒性又は劇性料品を取り扱う業務におけるその中毒諸症及び業務の過程において発生したる毒性又は劇性物質に因る中毒諸症
②　業務上使用する鉱酸、苛性アルカリー、クロール、フルオール、フルオール化合物、クロール化合物、テールその他腐蝕性又は刺戟性料品による腐蝕又は潰瘍
③　生糸工の手指蜂窩織炎、研磨工の水疹及び業務上使用するテール、セメント、チアン化合物に因る皮膚湿疹
④　業務に因る筋の強直、痙攣、断裂、腱鞘炎、関節炎、脱腸
⑤　高熱物体の取扱、刺戟性ガス又は異物に因る結膜炎その他の眼病
⑥　襤褸（らんる）、獣毛、革皮及びその他の古物を取り扱う業務に因る丹毒、炭疽、ペスト、痘瘡
⑦　前記以外の疾病で業務上の疾病と認められるもの
※　本通牒及び次の通牒の②と③に掲げる「テール」とは、タールを意味します（筆者注）。

鉱業法・鉱夫労役扶助規則関係通牒（1916年（大5）12月4日鉱第211号）
①　砒素、砒素化合物、水銀、水銀化合物、鉛、鉛化合物その他毒性又は劇性料品を取り扱う業務におけるその中毒諸症及び業務の過程において発生したる毒性又は劇性物質に因る中毒諸症
②　業務上使用する鉱酸、苛性アルカリー、クロール、鉱油、テールその他腐蝕性又は刺戟性料品による腐蝕又は潰瘍
③　業務上使用する鉱油、テール、セメント、チアン化合物に因る皮膚湿疹

> ④ 業務に因る筋の強直、痙攣、断裂、腱鞘炎、関節炎、脱腸
> ⑤ 高熱物体の取扱、刺戟性ガス又は異物に因る結膜炎その他の眼病
> ⑥ 前各号列記以外の疾病で業務上の疾病と認められるもの
> 伝染病については就業が感染の直接原因たることが明らかな場合のみ之を業務上の疾病とする。

　上記における工場法関係通牒の「⑦前記以外の疾病で業務上の疾病と認められるもの」及び鉱業法・鉱夫労役扶助規則関係通牒の「⑥前各号列記以外の疾病で業務上の疾病と認められるもの」の記述は重要です。すなわち、これらの項目により1916年（大5）から扶助の対象となる疾病の種類や範囲は限定されておらず、「業務上」の要件を満たせば扶助の対象となることを示しています。この点は、後述の長谷川錦一郎著「災害補償法研究」の内容と大いに関係します。また、現在でもおよそ業務との因果関係が明らかにされた疾病は全て労災補償の対象になっており、100年余り継続されてきています。

4　労働者災害扶助法と労働者災害扶助責任保険法の制定

　1931年（昭6）に労働者災害扶助法（4月1日公布法律第54号）と労働者災害扶助責任保険法（4月1日公布法律第55号）が制定され、1932年（昭7）1月1日から施行されました。工場法と鉱業法で保護の対象とされていない採石業、建設業、運輸業、貨物取扱業等の労働者の扶助を目的とするもので、扶助が確実に行われるように、労働者災害扶助の保険制度が導入されました。ただし、現在のように被災労働者又は遺族に直接保険給付が支払われるのと異なり、扶助の義務者である事業主に支払われるというものでした（労働者災害扶助責任保険法第4条第1項（後掲））。

　労働者災害扶助法の基本的な規定は、次のとおりです。

> **労働者災害扶助法（1931年（昭6）公布法律第54号）（抜粋）**
>
> 第2条　事業主ハ勅令ノ定ムル所ニ依リ労働者ガ負傷シ、疾病ニ罹リ又ハ死亡シタル場合ニ於テ本人又ハ其ノ遺族若ハ本人ノ死亡当時其ノ収入ニ依リ生計ヲ維持シタル者ヲ扶助スベシ

　上記の勅令である労働者災害扶助法施行令は、1931年（昭6）11月27日勅令第276号として公布され、基本的な規定は次のとおりです。

> **労働者災害扶助法施行令（1931年（昭6）勅令第276号）（抜粋）**
>
> 第3条　事業主ハ労働者ガ業務上負傷シ若ハ疾病ニ罹リ又ハ之ニ因リ死亡シタルトキハ本令ニ依リ扶助ヲ為スベシ但シ扶助ヲ受クベキ者民法ニ依リ同一ノ原因ニ付損害賠償ヲ受ケタルトキハ事業主ハ扶助金額ヨリ其ノ金額ヲ控除スルコトヲ得
> 　前項ノ疾病トハ左ノ各号ノ一ニ該当スルモノヲ謂フ
> 一　負傷ニ因リ発シタル疾病
> 二　異物ニ因ル眼疾患、重量物体ノ取扱ニ因ル腱鞘炎其ノ他災害ニ因ル疾病
> 三　毒性、劇性又ハ刺戟性料品ニ因ル中毒症又ハ皮膚若ハ粘膜ノ障碍
> 四　気圧ノ急激ナル変化ニ因ル疾病
> 五　有害ナル光線ニ因ル眼疾患
> 六　其ノ他内務大臣ノ指定スル疾病
> 第5条　労働者療養ノ為労務ニ服スルコト能ハザルニ因リ賃金ヲ受ケザルトキハ事業主ハ労働者ノ療養中1日ニ付標準賃金100分ノ60ノ休業扶助料ヲ支給スベシ但シ日日雇入レラルル者又ハ使用期間ノ定ナク労務供給契約ニ基キ使用セラルル者ニシテ継続使用セラルルコト10日未満ノ者ニ付テハ事故発生ノ日ヨリ起算シ3日間ハ之ヲ支給スルコトヲ要セズ
> 　労働者ヲ病院ニ収容シタル場合ニ於テ本人ノ収入ニ依リ生計ヲ維持スル者ナキトキハ休業扶助料ハ標準賃金ノ100分ノ20トス

内務大臣が指定する疾病
①炭疽病　②けい肺　③「ワイル」氏病　④恙虫病　⑤第二度以上の凍傷　⑥日射病又は熱射病 ⑦発疹チフス（1935年（昭10）11月28日内務省告示第599号） 　　　　　　　　（1944年（昭19）6月24日厚生省告示第60号）

　労働者災害扶助法施行令（1931年（昭6）勅令第276号）第3条第2項には6種類の業務上疾病が規定されています。同項第2号の「其ノ他災害ニ因ル疾病」についても幅広い表現がなされていますが、ここでいう「災害」の定義が不明であるため、どの範囲をいうのか分かりません。また、同項のリストには1916年（大5）の工場法等に基づく通牒にいう「前各号列記以外の疾病で業務上の疾病と認められるもの」という包括的な規定は掲げられていません。しかし、扶助すべき新たな疾病が生じた場合には、直ちに同項第6号に基づく内務大臣の告示に追加指定して扶助の対象とするという考え方があったものと考えられ、この理解により工場法、鉱業法との整合性が保たれます。なお、当時は今日と違って、審議会の諮問・答申、パブリックコメントといった手続きがなく、短日数で告示公布が可能であったと思われます。ただし、追加があったのは、上記のとおり、発疹チフスだけでした。

労働者災害扶助責任保険法（昭和6年法律第55号）（抜粋）
第1条　政府ハ本令ニ依リ労働者災害扶助責任保険ヲ管掌ス 第2条　労働者災害扶助責任保険ニ於テハ労働者災害扶助法、工場法又ハ鉱業法ニ基ク扶助責任ヲ保険スルモノトス 　　扶助責任ノ保険ヲ付スベキ事業ノ種類、保険スベキ扶助責任ノ範囲及保険料率、保険料納付期日其ノ他保険料ニ関スル事項ニ付テハ勅令ヲ以テ之ヲ定ム 第3条　労働者災害扶助法第1条第1項第2号（ハ）ノ工事ノ事業主及勅令ノ定ムル事業主ハ政府ト保険契約ヲ締結スベシ但シ同法第3条第2項ノ場

> 合ニ於テハ元請負人ニ於テ保険契約ヲ締結スベシ
> 第4条　保険契約者ヲ以テ保険金受取人トス但シ前条但書ノ規定ニ依リ元請負人ガ保険契約ヲ締結シタル場合ニ於テハ扶助ヲ引受ケタル下請負人ヲ以テ保険金受取人トス
> 　政府ハ前項ノ規定ニ拘ラズ勅令ノ定ムル所ニ依リ扶助ヲ受クベキ者ニ保険金ヲ支払フコトヲ得

5　戦前における労災補償制度のポイント

戦前における労災補償制度のポイントは、次のように整理できます。
① 労災補償の要件は「業務上」という用語を用いています。ただし、「業務上」の意味を示した法令、通牒（通達）等の文書は見当たりません。
② 労災補償の対象は、業務上の「負傷」、「疾病」及び「死亡」です。ただし、20世紀初期までは「疾病」は対象外でした。
③ 労働者災害扶助法施行令第5条第1項ただし書には、補償の対象となる傷病等の原因となる出来事を「事故」と記述しています。
④ 戦前の災害補償は、「救恤（きゅうじゅつ）」、「扶助」等の義務であって事業主等の無過失責任賠償の義務ではありませんでした。
⑤ 鉱業条例（1890年（明23）法律第87号）では「鉱夫自己ノ過失ニ非スシテ」の文言により、鉱業法（1905年（明38）法律第45号）では「鉱夫自己ノ重大ナル過失ニ因ラスシテ」の文言により、さらに工場法施行令（1916年（大正5）勅令第193号）では「当該職工ノ重大ナル過失ニ因ルコトヲ証明シタル場合」の文言により支給制限に相当する規定がありますが、年代を経るにつれて制限の範囲を狭めています。
⑥ 工場法施行令に係る通牒（1916年（大5）8月9日商第5887号）及び鉱業法・鉱夫労役扶助規則に係る通牒（1916年（大5）12月4日鉱第211号）に列挙された業務上疾病として「前記以外の疾病で業務上の疾病と認められるもの」という趣旨の文言が示されており、「業

務上」と認められる疾病は、その種類等に関係なく労災補償の対象となることが示されています。
⑦ 労働者災害扶助責任保険法による保険金の受取人は原則として保険契約者（事業主）でした（第4条）。

第2節　労働基準法及び労働者災害補償保険法

　本節では、戦後の1947年（昭22）に制定され、現行の法律である労働基準法と労働者災害補償保険法の災害補償の主な規定や考え方を明らかにし、現行の労災補償の基礎的な法制度を述べます。

1　労働基準法

　労働基準法（1947年（昭22）法律第49号）と労働者災害補償保険法（同年法律第50号）は、いずれも1947年（昭22）4月7日に公布され、同年9月1日に施行されました（一部を除く。）。労働基準法の中で当初の公布時の労災補償関係規定は、次のとおりです。

労働基準法（1947年（昭22）法律第49号）（抜粋）

　　第8章　災害補償
（療養補償）
第75条　労働者が業務上負傷し、又は疾病にかかった場合においては、使用者は、その費用で必要な療養を行い、又は必要な療養の費用を負担しなければならない。
　　前項に規定する業務上の疾病及び療養の範囲は、命令で定める。

（休業補償）

第76条　労働者が前条の規定による療養のため、労働することができないために賃金を受けない場合においては、使用者は、労働者の療養中平均賃金の百分の六十の休業補償を行わなければならない。

（障害補償）

第77条　労働者が業務上負傷し、又は疾病にかかり、なおったとき身体に障害が存する場合においては、使用者は、その障害の程度に応じて、平均賃金に別表第一に定める日数を乗じて得た金額の障害補償を行わなければならない。

（休業補償及び障害補償の例外）

第78条　労働者が重大な過失によって業務上負傷し、又は疾病にかかり、且つ使用者がその過失について行政官庁の認定を受けた場合においては、休業補償又は障害補償を行わなくてもよい。

（遺族補償）

第79条　労働者が業務上死亡した場合においては、使用者は、遺族又は労働者の死亡当時その収入によって生計を維持した者に対して、平均賃金の千日分の遺族補償を行わなければならない。

（葬祭料）

第80条　労働者が業務上死亡した場合においては、使用者は、葬祭を行う者に対して、平均賃金の六十日分の葬祭料を支払わなければならない。

（打切補償）

第81条　第75条の規定によって補償を受ける労働者が、療養開始後３年を経過しても負傷又は疾病がなおらない場合においては、使用者は、平均賃金の千二百日分の打切補償を行い、その後はこの法律による補償を行わなくてもよい。

（分割補償）

第82条　使用者は、支払能力のあることを証明し、補償を受けるべき者の同意を得た場合においては、第77条又は第79条の規定による補償に替え、平均賃金に別表第二に定める日数を乗じて得た金額を、６年にわたり毎年補償することができる。

（補償を受ける権利）

第83条　補償を受ける権利は、労働者の退職によって変更されることはな

い。

　補償を受ける権利は、これを譲渡し、又は差し押えてはならない。

（他の法律との関係）

第84条　補償を受けるべき者が、同一の事由について、労働者災害補償保険法によってこの法律の災害補償に相当する保険給付を受けるべき場合においては、その価額の限度において、使用者は、補償の責を免れ、又は命令で指定する法令に基いてこの法律の災害補償に相当する給付を受けるべき場合においては、使用者は、補償の責を免れる。

　使用者は、この法律による補償を行った場合においては、同一の事由について、その価額の限度において民法による損害賠償の責を免れる。

（審査及び仲裁）

第85条　業務上の負傷、疾病又は死亡の認定、療養の方法、補償金額の決定その他補償の実施に関して異議のある者は、行政官庁に対して、審査又は事件の仲裁を請求することができる。

　行政官庁は、必要があると認める場合においては、職権で審査又は事件の仲裁をすることができる。

　行政官庁は、審査又は仲裁のために必要があると認める場合においては、医師に診断又は検案をさせることができる。

　第1項の規定による審査又は仲裁の請求及び第2項の規定による審査又は仲裁の開始は、時効の中断に関しては、これを裁判上の請求とみなす。

（労働者災害補償審査委員会）

第86条　前条の規定による審査及び仲裁の結果に不服のある者は、労働者災害補償審査委員会の審査又は仲裁を請求することができる。

　この法律による災害補償に関する事項について、民事訴訟を提起するには、労働者災害補償審査委員会の審査又は仲裁を経なければならない。

　労働者災害補償審査委員会の委員は、労働者を代表する者、使用者を代表する者及び公益を代表する者について、行政官庁が各々同数を委嘱する。

　前3項に定めるものの外、労働者災害補償審査委員会に関し必要な事項は、命令で定める。

（請負事業に関する例外）

第87条　事業が数次の請負によって行われる場合においては、災害補償については、その元請負人を使用者とみなす。

前項の場合、元請負人が書面による契約で下請負人に補償を引き受けさせた場合においては、その下請負人もまた使用者とする。但し、二以上の下請負人に、同一の事業について重複して補償を引き受けさせてはならない。

　　前項の場合、元請負人が補償の請求を受けた場合においては、補償を引き受けさせた下請負人に対して、まづ催告すべきことを請求することができる。但し、その下請負人が破産の宣告を受け、又は行方が知れない場合においては、この限りでない。

（補償に関する細目）
第88条　この章に定めるものの外、補償に関する細目は、命令で定める。

労働基準法施行規則（1947年（昭22）厚生省令第23号）は、1947年（昭22）8月30日に公布され、同年9月1日に施行されました。この規則の中で、業務上の疾病の範囲を示す条文は労働基準法第75条第2項に基づく第35条であり、制定時は次のとおりです。

労働基準法施行規則（1947年（昭22）厚生省令第23号）（抜粋）

第35条　法第75条第2項の規定による業務上の疾病は、次に掲げるものとする。
一　負傷に起因する疾病
二　重激なる業務に因る筋肉、腱、関節の疾病並びに内臓脱
三　高熱、刺戟性の瓦斯若しくは蒸気、有害光線又は異物に因る結膜炎その他の眼の疾患
四　ラヂウム放射線、紫外線、エックス線及びその他の有害放射線に因る疾病
五　暑熱な場所における業務に因る日射病及び熱射病
六　暑熱な場所における業務又は高熱物体を取扱う業務に因る第二度以上の熱傷及び寒冷な場所における業務又は低温物体を取扱う業務に因る第二度以上の凍傷
七　粉塵を飛散する場所における業務に因る塵肺症及びこれに伴う肺結核

八　地下作業に因る眼球震盪症
九　異常気圧下における業務に因る潜函病その他の疾病
十　製糸又は紡績等の業務に因る手指の手指蜂窩織炎及び皮膚炎
十一　さく岩機、鋲打機等の使用により身体に著しい振動を与える業務に因る神経炎その他の疾病
十二　強烈な騒音を発する場所における業務に因る耳の疾患
十三　電信手、タイピスト、筆耕手等の手指の痙攣及び書痙
十四　鉛、その合金又は化合物に因る中毒及びその続発症
十五　水銀、そのアマルガム又は化合物に因る中毒及びその続発症
十六　マンガン又はその化合物に因る中毒及びその続発症
十七　クローム、ニッケル、アルミニウム又はそれらの化合物に因る潰瘍その他の疾病
十八　亜鉛その他の金属蒸気に因る金属熱
十九　砒素又はその化合物に因る中毒及びその続発症
二十　燐又はその化合物に因る中毒及びその続発症
二十一　硝気又は亜硫酸ガスに因る中毒及びその続発症
二十二　硫化水素に因る中毒及びその続発症
二十三　二硫化炭素に因る中毒及びその続発症
二十四　一酸化炭素に因る中毒及びその続発症
二十五　青酸その他のシアン化合物に因る中毒並びにその続発症その他の疾病
二十六　鉱酸、苛性アルカリ、塩素、弗素、石炭酸又はそれらの化合物、その他腐蝕性又は刺戟性の物に因る腐蝕、潰瘍及び炎症
二十七　ベンゼン又はその同族体並びにそのニトロ及びアミノ誘導体に因る中毒並びにその続発症
二十八　アセトン又はその他の溶剤に因る中毒並びにその続発症その他の疾病
二十九　前2号以外の脂肪族又は芳香族の炭化水素化合物に因る中毒及びその続発症その他の疾病
三十　煤煙、鉱物油、桐油、ウルシ、タール、セメント等に因る蜂窩織炎、湿疹その他皮膚疾患
三十一　煤煙、タール、ピッチ、アスファルト、鉱物油、パラフィン又は

> これらの物質を含む物に因る原発性上皮癌
> 三十二　第14号乃至第31号に掲げるもの以外の毒性、劇性その他有害物に因る中毒及びその続発症又は皮膚及び粘膜の疾患
> 三十三　患者の検診、治療及び看護その他病原体によって汚染される惧れある業務に因る各種伝染性疾患
> 三十四　湿潤地における業務に因るワイル氏病
> 三十五　屋外労働に起因する恙虫病
> 三十六　動物又はその屍体、獣毛、革その他動物性の物及びぼろその他古物の取扱による炭疽病、円毒、ペスト及び痘瘡
> 三十七　前各号の外中央労働基準審議会の議を経て労働大臣の指定する疾病
> 三十八　その他業務に起因することの明らかな疾病

　労働基準法施行規則第35条第38号に「その他業務に起因することの明らかな疾病」が掲げられており、「業務上」と認められる疾病は、その種類等に関係なく労災補償の対象となることが示されていることが重要です。この規定は、1978年（昭53）の全面改正以降に改正を重ねていますが、現行の同規則別表第1の2第11号に引き継がれています。

　なお、労働基準法施行規則第35条の1978年（昭53）以降の改正の変遷等の詳細は、拙著「産業保健の記録 2020―産業保健政策の変遷と課題―」（2020年自費出版）を参照してください。

2　労働者災害補償保険法

　労働者災害補償保険法（制定時）の主な規定は、次のとおりです。

> 労働者災害補償保険法（1947年（昭22）法律第50号）（抜粋）
>
> 　第1章　総則

第1条　労働者災害補償保険法は、業務上の事由による労働者の負傷、疾病、廃疾又は死亡に対して迅速且つ公正な保護をするため、災害補償を行い、併せて、労働者の福祉に必要な施設をなすことを目的とする。

第2条　労働者災害補償保険は、政府が、これを管掌する。

第3条　この法律においては、左の各号の一に該当する事業を強制適用事業とする。

一　左に掲げる事業で常時5人以上の労働者を使用するもの
（イ）～（ハ）（略）

二　左に掲げる事業で常時労働者を使用するもの又は1年以内の期間において使用労働者延人員300人以上のもの
イ～ハ（略）

三　その他命令で指定する事業

労働基準法第8条に規定する事業で前項に掲げるもの以外のもの及び同条に規定する事務所（以下事業という。）は、これを任意適用事業とする。

国の直営事業、官公署、同居の親族のみを使用する事業及び船員法の適用を受ける船員については、この法律は、これを適用しない。

第4条、第5条（略）

第2章　保険関係の成立及び消滅

第6条、第7条（略）

第8条　事業が数次の請負によって行われる場合には、元請負人のみを、この保険の適用事業の使用者とする。

第9条～第11条（略）

第3章　保険給付及び保険施設

第12条　この法律で保険する災害補償の範囲は、左の各号による。

一　療養補償費（療養中命令で定める金額を超える部分）

二　休業補償費（休業3日を超える1日につき平均賃金の百分の六十）

三　障害補償費（別表に定めるもの）

四　遺族補償費（平均賃金の千日分）

五　葬祭料（平均賃金の六十日分）

六　打切補償費（平均賃金の千二百日分）

前項の規定による災害補償の事由は、労働基準法第75条乃至第81条に定める災害補償の事由とする。

　　第1項第1号の規定による災害補償については、政府は命令で定める場合には、同号の療養補償費の支給にかえて、直接労働者に療養の給付をすることができる。

　　第1項の平均賃金とは、労働基準法第12条の平均賃金をいう。

第13条　前条第1項第1号の療養補償費又は同条第3項の療養の範囲は、左の各号（政府が必要と認めるものに限る。）による。
　一　診察
　二　薬剤又は治療材料の支給
　三　処置、手術その他の治療
　四　病院又は診療所への収容
　五　看護
　六　移送

第14条（略）

第15条　第12条第1項の規定による保険給付は、これを補償を受けるべき労働者、遺族又は労働者の死亡当時その収入によって生計を維持した者に支給する。

第16条（略）

第17条　事業につき保険関係の成立している事業についての使用者（以下保険加入者という。）が、保険料の算定又は保険給付の基礎である重要な事項について、不実の告知をしたときは、政府は、保険給付の全部又は一部を支給しないことができる。

第18条　保険加入者が、故意又は重大な過失によって保険料を滞納したときは、政府は、その滞納に係る事業について、その滞納期間中に生じた事故に対する保険給付の全部を支給しないことができる。

第19条　故意又は重大な過失によって、保険加入者が、補償の原因である事故を発生させたとき、又は労働者が、業務上負傷し、若しくは疾病に罹ったときは、政府は、保険給付の全部又は一部を支給しないことができる。

第20条（略）

第21条　保険給付を受ける権利は、これを譲り渡し、又は差し押さえることができない。

第22条　保険給付として支給を受けた金品を標準として、租税その他の公課を課してはならない。

第23条（略）

第4章　保険料（略）

第5章　審査の請求、訴願及び訴訟

第35条　保険給付に関する決定に異議のある者は、保険審査官の審査を請求し、その決定に不服のある者は、保険審査機関に審査を請求し、その決定に不服のある者は、裁判所に訴訟を提起することができる。

前項の審査の請求は、時効の中断に関して、これを裁判上の請求とみなす。

第36条　保険審査官は、必要があると認める場合においては、職権で審査をすることができる。

保険審査官が、審査のため必要があると認める場合においては、保険給付の決定をした官吏若しくは吏員に対して意見を求め、保険加入者若しくは保険給付を受けるべき者に対して報告をさせ、若しくは出頭を命じ、又は医師に診断若しくは検案をさせることができる。

第37条　保険料その他この法律の規定による徴収金の賦課又は徴収の処分に関して訴願の提起があったときは、主務大臣は、保険審査機関の審査を経て裁決をする。

第38条　保険審査機関は、労働者を代表する者、使用者を代表する者及び公益を代表する者につき、主務大臣が、各々同数を委嘱した者で、これを組織する。

第39条　保険審査官又は保険審査機関は、審査のため必要があると認めるときは、証人又は鑑定人の訊問その他の証拠調をすることができる。

証拠調については、民事訴訟法の証拠調に関する規定及び民事訴訟費用法第9条及び第11条乃至第13条の規定を準用する。但し、保険審査官又は保険審査機関の証拠調については、過料に処し、又は拘引を命ずることはできない。

第40条　審査の請求、訴の提起又は訴願は、処分の通知又は決定書の交附を受けた日から60日以内に、これをしなければならない。この場合において審査の請求については、訴願法第8条第3項の規定を、訴の提起につ

いては民事訴訟法第158条第2項及び第159条の規定を準用する。

第41条　この章に定めるものの外、保険審査官及び保険審査機関に関し必要な事項は、命令で、これを定める。

第6章　雑則

第42条　保険料その他この法律の規定による徴収金を徴収し、又はその還付を受ける権利及び保険給付を受ける権利は、2年を経過したときは、時効によって消滅する。

　前項の時効の中断、停止その他の事項に関しては、民法の時効に関する規定を準用する。

　命令の定めるところによって政府のなす保険料その他この法律の規定による徴収金の徴収の告知は、民法第153条の規定にかかわらず時効中断の効力を生ずる。

第43条　この法律又はこの法律に基いて発する命令に規定する期間の計算については、民法の期間の計算に関する規定を準用する。

第44条・第45条（略）

第46条　行政庁は、命令の定めるところによって、労働者を使用する者に、必要な事項について報告をさせ、文書を掲示させその他この法律の施行に関して必要な事務を行わせ、又は出頭させることができる。

第47条　行政庁は、命令の定めるところによって、この保険の適用を受ける事業についての労働者に、この保険の施行に関して必要な申出、届出若しくは文書の提出をさせ、又は出頭させることができる。

第48条　行政庁は、必要があると認めるときは、当該官吏又は吏員に、この保険の適用を受ける事業行われる場所に臨検し、関係者に対して質問し、又は帳簿書類の検査をさせることができる。

第49条　行政庁は、保険給付に関して必要があると認めるときは、命令の定めるところによって、当該官吏又は吏員に、診療録その他の帳簿書類を検査をさせることができる。

第50条　この法律の施行に関する細目は、命令で、これを定める。

第7章　罰則

第51条〜第54条（略）

```
    附則
第 55 条～第 57 条（略）
    別表（略）
```

　労働者災害補償保険法の制定については、厚生労働省ホームページの「労働者災害補償制度の沿革」に次のような記述があります（2022 年 9 月 14 日検索。下線は筆者）。

　我が国における労働者の業務災害による死傷病に対する扶助制度は、工場労働者については工場法（明治 44 年法律第 46 号）、鉱山労働者については鉱業法（明治 38 年法律第 45 号）、土木建築事業等屋外労働者については労働者災害扶助法等によって早くから行われてきたところであるが、その扶助の程度は諸外国に対してはなはだ低く、また、扶助というのが労働者に対する恩恵的あるいは救済的な施策と考えられていた。

　しかるに、終戦後の昭和 22 年 9 月、労働条件の最低基準を定めた画期的な労働基準法が制定されるに及んで、適用対象の拡大、補償水準の大幅な引き上げが行われるとともに、<u>業務上の災害に対する事業主の無過失補償責任の理念がここに確立されるに至った</u>。これと同時に、業務上の災害発生に際し、事業主の補償負担の緩和を図り、労働者に対する迅速かつ公正な保護を確保するため、新たに労働者災害補償保険法が制定された。したがって、それまで工場、鉱山及び屋外の労働者に対する補償は、主として、健康保険法、厚生年金保険法及び労働者災害扶助責任保険法等によって行われていたのであるが、労働者災害補償保険法が制定されるに至ってこれに吸収されることになった。労働者災害補償保険法が制定されるまでの経緯については、当初この法律を労働基準法による使用者の災害補償についての責任保険とするか、又は労働者を直接対象として労働基準法とは一応別個の労働者保険とするかにつき関係方面との意見が一致しないため、先ず最初に労働者災害補償金庫法案をつくり、次いで、これを当時の労働者災害扶助責任保険法にならった労働者災害補償責任保険法案に改め、最後に第 92 回帝国議会の開会直前において労働者災害補償保険法案に改めたものである。この間、関係方面に対しては、30 回余にわたる折衝がなされ、しかも成案を得て、これが議会に提出されたときは、既に会期も半ばを過ぎた昭和 22 年 3 月 19 日であって、

この法案の成立が危ぶまれたが、幸い順調に審議が進められ、衆議院の委員会3回、貴族院の委員会2回の審議を経て議会閉会寸前の3月30日貴族院を通過、昭和22年4月7日法律第50号として公布されたのである。しかるに、この法律の所管に関して厚生省において実施すべきか、又は新設される労働省において実施すべきかが問題となり、意見の対立のまま容易にその帰すうが定まらなかったが、同年7月に至りようやく労働基準法の姉妹法であるこの法律も労働基準法同様労働省において所管すべきであるという結論に到達し、昭和22年9月1日より労働基準法と併行して実施されるに至った。

3　労働基準法と労働者災害補償保険法のポイント

　労働基準法及び労働者災害補償保険法の制定された時点における要点等は次のとおりです。
① 　労災補償の要件は「業務上」と規定されていますが、その定義は示されていません。
② 　労災補償の対象は、業務上の負傷、疾病、障害及び死亡です。
③ 　わが国の労災補償制度における無過失責任賠償は、労働基準法と労働者災害補償保険法の制定によって確立しました。
④ 　労働者が重大な過失によって業務上負傷し、又は疾病にかかり、かつ、使用者がその過失について行政官庁の認定を受けた場合は休業補償又は障害補償が免除されます（労働基準法第78条）。
　　また、故意又は重大な過失によって、使用者が補償の原因である事故を発生させたとき、又は労働者が業務上負傷し、又は疾病に罹ったときは、政府は保険給付の全部又は一部を支給しないことができるとされています（労働者災害補償保険法第19条）。
⑤ 　業務上の疾病に関し、労働基準法施行規則第35条第38号に「その他業務に起因することの明らかな疾病」が規定されています。
⑥ 　労働者災害補償保険法に基づく保険給付は、労働者又は遺族に対して支給されます（第15条。現行第12条の8第2項）。

第3節 「災害主義」の誤り

　1956年（昭31）に、長谷川鎭一郎医師は「災害補償法研究　業務災害認定の理論と実際」（以下「長谷川鎭一郎著書」という。[2)]）を著しました。著書の中で、後に「災害主義」と呼ばれる考え方を示しており、とりわけ過労死（脳・心臓疾患）の認定基準にその考え方が明確に示されており、2001年12月に改正認定基準が出されるまで続いたといえます。
　本節ではこれを詳しく述べます。

1　業務上疾病の限定とその誤り

　長谷川鎭一郎著書においては、労災補償の対象とする業務上疾病は、次の2つに限定すべきであるとしています。
① 職業病…業務上疾病リストに具体的に明示されたもの
② 災害疾病…疾病の原因が発病前24時間以内の業務中の災害にあるもの
　これら以外は労災補償の対象とすべきではないとしており、仮に業務起因性が立証された個別の事例でも①・②に該当しないものは労災補償の対象外であると明記しています。これは、1916年（大正5）の通牒に示されて踏襲されてきた業務上疾病の範囲の考え方を否定するものです。すなわち、わが国の疾病の災害補償は、1916年（大正5）の工場法の施行の時期から、およそ業務に起因することが明らかにされた疾病は全て労災補償の対象とするという考え方で一貫しています。
　長谷川鎭一郎医師がこのような考え方を記述した経緯は、次のようです。

〔1〕業務上疾病の限定の主張の背景

　長谷川鋠一郎医師は、1915年（大正4）に大学を卒業した後、内科学教室、生理学教室を経て、1921年（大正10）から逓信省に所属して同省の職員の保健の医務に携わり、1928年（昭3）にヨーロッパ諸国の逓信保健福利施設の調査を命じられました。その際に与えられた「逓信現業員の傷痍疾病に関して職務上と認むべきものの標準（業務上と認める基準）」という調査項目により、イギリス、フランス、ドイツの災害補償制度、特に多くの判例を調査して1931年（昭6）に帰国しています。

　※逓信省：1985年（明18）12月22日に発足、途中の変遷を経て1949年（昭24）6月1日に廃止されて郵政省と電気通信省に分割、前者の外郭団体として1952年（昭27）8月1日に日本電信電話㈱が発足し同時に後者が廃止されてその事業を当該公社が引き継ぎました。当該公社は1985年（昭60）に民営化されて日本電信電話㈱（NTT）が発足、郵政省は、2006年（平18）に日本郵政㈱となり、その後分割されました。

　この調査において前記3国の裁判の判決文を含む文献を調べ、これらの国では医学的理論と法学的理論により組み立てられたみごとな認定の理論体系があったとしています。わが国においては、戦後に至って労働基準法、労働者災害補償保険法、国家公務員災害補償法が制定されて外形的には世界の一般災害補償法立法に近づきましたが、災害概念、原因概念、職業病概念が確立されておらず、しかも、最高裁判所の判例もほとんどない、と記述しています。

　このようなことから、長谷川鋠一郎著書の執筆時点において、認定の実務を論理的に正しく遂行するためにわが国がとるべき最善策は、諸外国の理論を比較検討して妥当な条理を見出すという科学的方法以外にないと思われると述べています。ヨーロッパの理論を日本でも採用すべきであるという趣旨です。そして、その理由として、わが国では、ヨーロッパに発達してわが国には外来的である補償法の本質に対し、雇主も雇人も関心や理解が薄いことや労働者各自の個人的な自覚や自己主張の意識が強くない、古い時代の影響により、補償に関する訴訟が非常に少なく、その積み重ねには長期間を要することを挙げています（著書 P.165）。

　制度の確立に長期間を要し、かつ、わが国においては当時訴訟が少なかったことは事実であると考えられますが、これらは周辺事情に過ぎず、わが

国における補償制度をヨーロッパにおける補償制度と同じに構築すべき本質的な理由にはならないと考えられます。

〔2〕業務上疾病の限定の理由

　長谷川銈一郎著書には、このような業務上疾病の範囲を限定するという考え方を採るための説得力のある理由は見当たりません。
　すなわち、長谷川銈一郎著書に理由として記述されているのは、次のようなものです。
　　○　ヨーロッパの文献を調べ、災害補償の範囲が上記の①の職業病と②の災害疾病に限定されていること。
　　　長谷川銈一郎医師は、1912年のドイツの法律を引用して「元来災害補償法は業務と因果関係ある疾病を問題としているが、しかし、哲学的意味において考慮に上る因果系列のあらゆる要素を全部とり上げているのではなくて、これを法によって制限しているのである。」（著書 P.136）としています。
　この点に関し、「法によって制限する」理由は示されておらず、お上の決めたことには従えという古来の封建思想が垣間見えます。
　　○　長期にわたる業務の影響を原因として問題にする場合は、いかなる疾病のいかなる程度の因果関係あるものまでを補償するか、公平な限界を設定することは困難となり、いたずらに紛争を多くして、しかも公平を期し難いこと（著書 P.137）。
　この見解は、認定の医学上及び技術上の問題を理由としているものであり、業務上疾病の範囲を限定する本質的な理由にはならないと考えられます。
　これらの見解のように、逓信省において公務災害認定の実務に当たってきた長谷川銈一郎医師の「無意識のうちに、自分自身の立場でしか物事を考えることができない。」という思考形態は、古今を問わず公務員などに一般にみられるものです。すなわち、長谷川銈一郎医師には「労働者の保護のために被災労働者の立場を考える」という視点が欠けていると言わざるを得ません。同医師は、「愛（涙）と知性（正しい条理）と権限とで判定は行われる。私はそれらのどれ一つを欠いてもいけないと思う。ことに

愛と知性を欠いた権限だけの判定はいけないと思う。」(著書 P.29) と記述していますが、言葉だけが一人歩きしており、この言葉と業務上疾病を前記の①の職業病と②の災害疾病の2種類に限定すべきこととは一貫しておらず矛盾さえあると思われます。

なお、長谷川鋳一郎著書の執筆時点の 1960 年 (昭 35) 頃までの医学の状況を推察すると、とりわけ臨床医学においては診断と治療に重点が置かれており、例えば、過重な業務による脳血管疾患及び虚血性心疾患等 (以下「脳・心臓疾患」という。) に関しては業務との因果関係を研究するということはまずなかったものと考えられ、業務と疾病の因果関係に関する基礎医学の研究はいわゆる職業病に限られていたといえます。ちなみに、1982 年 (昭 57) に労働省・補償課が当時の担当係長であった筆者の提案により脳・心臓疾患の認定基準の改正の作業を開始した時期にも、脳・心臓疾患と業務との因果関係を示した論文はほとんど皆無でした。このような研究がなされるようになったのは、1988 年 (昭 63) に前年の認定基準改正を批判する「過労死問題」が大きな社会問題になってからです。

したがって、長谷川鋳一郎医師が「いかなる疾病のいかなる程度の因果関係あるものまでを補償するか、公平な限界を設定することは困難である」としているのは、当時としてはやむを得ない面があると思われます。しかし、このことをもって、法的安定性を持たせるべき業務上疾病の範囲を前記①・②に限定する理由とはなり得ません。

2 長谷川鋳一郎著書の労災認定の理論とその誤り

〔1〕「災害」の定義等

長谷川鋳一郎著書によれば、1884 年 (明 16) 〜 1903 年 (明 36) の時期にヨーロッパ各国で災害補償が立法化され、わが国においては 1931 年 (昭 6) に労働者災害扶助法が制定されて「災害」という語が用いられるようになったとし、法律名だけでなく、条文の中に「災害」が用いられ

たのは、労働者災害扶助法施行令（昭和6年勅令第276号）第3条第2項の扶助の対象とすべき疾病の一つとして「二　異物ニ因ル眼疾患、重量物体ノ取扱ニ因ル腱鞘炎其ノ他災害ニ因ル疾病」が規定されているのみであるとしています（著書P.43～45）。

長谷川鋏一郎著書では、労働者災害扶助法施行令第5条第1項ただし書には、傷病の原因となる出来事を「災害」ではなく、「事故」という語を当てていることには言及していません。

また、「災害」の語が重要であるのは、「『業務上の災害』（或いは業務上の災害による傷害）と、『業務上の負傷、疾病、死亡』とはそのまま同一の概念ではないし、またこれら二つの概念と職業病の概念との関係を明確にしておくことがなければ、実際に、一つの事業場に生起した労働者の傷病、死亡が法の適用の対象となるや否やの業務災害判定の理論構成、ないし、論理的基礎づけに重大な支障を来たし、法の適正公平な運用を期し難い根本的な欠陥となると思われるからである。」と記述しています（著書P.45）。

長谷川鋏一郎著書では、諸外国では「災害」という語は、正しく身体傷害を起こす原因となる出来事を指しているか、あるいはこの身体傷害を起こす原因となる出来事とそれの結果の身体傷害とを併せて「災害」と名づけているとしています。このような原因が多数関連して一つの因果系列をつくっていますが、そのうち、法的に規定された「災害」概念に適合するもののみ取り上げて補償法上の原因と認めるところに災害補償法の特質があると述べ、既述のように、災害補償法は、補償の範囲を制限すべきであると述べています（著書P.117）。

また、業務と身体傷害の関係を、英・独・仏と日本の解説書とを模型的に表にすると、次のように日本の場合は災害的出来事が脱落しているとしています（著書P.118）。

第3節　「災害主義」の誤り

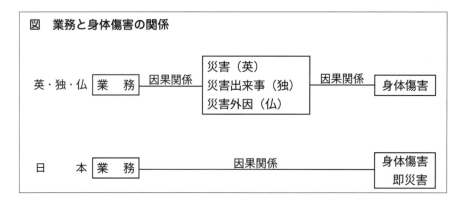

結局、長谷川鋠一郎著書では、「災害」を「身体傷害の原因となる出来事」をいうものとしています。

戦後になって、わが国において災害補償法が整備されましたが、この中ではどのように定義されたのでしょうか。

戦後の労働基準法（昭和22年法律第49号）、労働者災害補償保険法（同年法律第50号）、国家公務員災害補償法（昭和26年法律第191号）に至って「災害補償」という語がはじめて現われました（著書P.46）。

労働基準法では、「第8章　災害補償」の章名に使用されているほか、第84条第1項・第2項及び第86条第2項に「災害補償」という語が使用されていますが、その定義を示す条文や解釈例規（説明を記述した通達）はありません。

労働者災害補償保険法では、第12条第1項・第2項・第3項（制定時）に「災害補償」という語が使用されていますが、その定義を示す条文や解釈例規はありません。同法第19条（制定時）では、補償の原因となる出来事に「事故」という語を当てています。

国家公務員の災害補償について規定している法律である国家公務員法（昭和22年法律第120号）と国家公務員災害補償法（昭和26年法律第191号）の中の重要な条文は、次のとおりです。

> 国家公務員法（昭和22年法律第120号）（抄）[2021年（令3）1月現在]

　　第3章　職員に適用される基準
　　　第6節　分限、懲戒及び保障
　　　　第3款　保障
　　　　　第3目　公務傷病に対する補償

（公務傷病に対する補償）

第93条　職員が公務に基き死亡し、又は負傷し、若しくは疾病にかかり、若しくはこれに起因して死亡した場合における、本人及びその直接扶養する者がこれによって受ける損害に対し、これを補償する制度が樹立し実施せられなければならない。

2　前項の規定による補償制度は、法律によってこれを定める。

（法律に規定すべき事項）

第94条（略）

（補償制度の立案及び実施の責務）

第95条（略）

> 国家公務員災害補償法（昭和26年法律第191号）（抄）[2021年（令3）1月現在]

　　第1章　総則

（この法律の目的及び効力）

第1条　この法律は、国家公務員法（昭和22年法律第120号）第2条に規定する一般職に属する職員（未帰還者留守家族等援護法（昭和28年法律第161号）第17条第1項に規定する未帰還者である職員を除く。以下「職員」という。）の公務上の災害（負傷、疾病、障害又は死亡をいう。以下同じ。）又は通勤による災害に対する補償（以下「補償」という。）を迅速かつ公正に行い、あわせて公務上の災害又は通勤による災害を受けた職員（以下「被災職員」という。）の社会復帰の促進並びに被災職員及びその遺族の援護を図るために必要な事業を行い、もつて被災職員及びその遺族の

> 　生活の安定と福祉の向上に寄与することを目的とする。
> 2　この法律の規定が国家公務員法の規定とてい触する場合には、国家公務員法の規定が優先する。
> （補償を受ける権利）
> 第7条　職員が離職した場合においても、補償を受ける権利は、影響を受けない。
> 2　補償を受ける権利は、譲り渡し、担保に供し、又は差し押さえることはできない。ただし、年金たる補償を受ける権利を株式会社日本政策金融公庫又は沖縄振興開発金融公庫に担保に供する場合は、この限りでない。
>
> 　　　第2章　補償及び福祉事業（略）
>
> 　　　第3章　審査等（略）
>
> 　　　第4章　雑則
>
> （時効）
> 第28条　補償を受ける権利は、これを行使することができる時から二年間（傷病補償年金、障害補償及び遺族補償については、五年間）行使しないときは、時効によって消滅する。ただし、補償を受けるべき者が、この期間経過後その補償を請求した場合において、実施機関が第八条の規定により、補償を受けるべき者に通知をしたこと又は自己の責めに帰すべき事由以外の事由によって通知をすることができなかつたことを立証できない場合には、この限りでない。
> （期間の計算）
> 第29条（略）

　国家公務員災害補償法第1条に「公務上の災害（負傷、疾病、障害又は死亡をいう。）」と定義されているように、少なくともこの法律の「災害」の意味は「出来事」を表わすものではないことが明らかですが、長谷川錬一郎著書では無理にヨーロッパ流の「災害」の意味にこじつけようとしています。すなわち、「公務上の<u>傷病死</u>、全般のうち、災害と認むべきもの、或いは災害によるものと認むべきものを<u>限定</u>してこの法が補償する」とい

う意味であるとしています（著書 P.62 〜 64。下線は長谷川鎮一郎医師による傍点）。

〔2〕わが国の認定方式

　長谷川鎮一郎著書では、わが国の業務災害の認定事例の中には、1 労働日（24 時間）を超える長期の過労や関連諸事情をあげて認定している事例があり、本来の災害疾病でもなく、職業病でもない広い範囲の疾病を認定しており、大きな問題であるとしています（著書 P.131）。そして、わが国の認定方式がこのようになった理由は、①立法段階で「災害」の概念の検討が不十分であること、②災害補償上の「原因概念」が不明確であることであるとしています（著書 P.132）。

　広い範囲の疾病を補償しようとする原因は、労働基準法施行規則第 35 条第 38 号「その他業務に起因することの明らかな疾病」という規定にあるとして、この第 38 号の規定の批判を詳しく展開しています。その中で、戦前の労働者災害扶助法施行令（昭和 6 年勅令第 276 号）第 3 条第 2 項の次の規定を取り上げています。

労働者災害扶助法施行令（1931 年（昭 6）勅令第 276 号）（抄）

第 3 条　事業主ハ労働者ガ業務上負傷シ若ハ疾病ニ罹リ又ハ之ニ因リ死亡シタルトキハ本令ニ依リ扶助ヲ為スベシ但シ扶助ヲ受クベキ者民法ニ依リ同一ノ原因ニ付損害賠償ヲ受ケタルトキハ事業主ハ扶助金額ヨリ其ノ金額ヲ控除スルコトヲ得前項ノ疾病トハ左ノ各号ノ一ニ該当スルモノヲ謂フ
　一　負傷ニ因リ発シタル疾病
　二　異物ニ因ル眼疾患、重量物体ノ取扱ニ因ル腱鞘炎其ノ他災害ニ因ル疾病
　三　毒性、劇性又ハ刺戟性料品ニ因ル中毒症又ハ皮膚若ハ粘膜ノ障碍
　四　気圧ノ急激ナル変化ニ因ル疾病
　五　有害ナル光線ニ因ル眼疾患
　六　其ノ他内務大臣ノ指定スル疾病
（第 3 項、第 4 項　略）

上記の規定は、第7回労働会議（1925年）の勧告に基づいて十分な審議を経て立案された正確な表現の立法であると述べていますが、該当する勧告は次の4件であり、その内容を確認しても「災害疾病」の説明や「職業病」と「災害疾病」のみを補償の対象とすべき旨の記述はありません。
① 労働者補償の最小限度の規模に関する勧告（ILO（国際労働機関）第22号勧告）
② 労働者補償に付ての争議の裁判に関する勧告（同第23号）
③ 労働者職業病補償に関する勧告（同第24号）
④ 労働者災害補償に付ての内外人労働者の均等待遇に関する勧告（同第25号）

労働者災害扶助法施行令の規定を引き合いにだした理由を推定しますと、工場法関係通牒（1916年（大5）8月9日商第5887号）や鉱業法・鉱夫労役扶助規則関係通牒（1916年（大5）12月4日鉱第211号）にある「前記以外の疾病で業務上の疾病と認められるもの」に言及しない方が長谷川錬一郎医師の意図を主張しやすいと考えたためかも知れません。

しかしながら、上記の労働者災害扶助法施行令の規定に「前記以外の疾病で業務上の疾病と認められるもの」に該当する項目が設定されなかった理由は定かではありません。工場労働者や鉱山労働者より、労働者災害扶助法が適用される屋外労働者等を狭く補償する理由ないし考え方があったのでしょうか。本章第1節の4に記した「扶助すべき新たな疾病が生じた場合には、直ちに第3条第2項第6号に基づく告示に追加指定して扶助の対象とするという考え方があったものと考えられる」と理解する方が合理的です。

業務上疾病の範囲を規定する現行の労働基準法施行規則別表第一の二第11号は「その他業務に起因することの明らかな疾病」であり、この趣旨の規定は、工場法関係通牒（1916年（大5）8月9日商第5887号）や鉱業法・鉱夫労役扶助規則関係通牒（1916年（大5）12月4日鉱第211号）以来ほぼ一貫して規定されてきたものであり、労働者災害扶助法の制定後の通達（1936年（昭11）7月3日労発第55号）にも示されています。

これらの経過から、わが国における災害補償の法令には、疾病の原因となる出来事を意味する「災害」の語は使用しておらず、また、業務上疾病の範囲には「職業病」や「災害疾病」の区分はないのです。なお、1972年（昭47）に制定、施行された労働安全衛生法（法律第57号）では「労働災害」

を「労働者の就業に係る建設物、設備、原材料、ガス、蒸気、粉じん等により、又は作業行動その他業務に起因して、労働者が負傷し、疾病にかかり、又は死亡することをいう。」と定義している（第2条第1号）とともに、労働者の死傷病の有無を問わず異常な出来事を「事故」としています（労働安全衛生規則（1972年（昭47）労働省令第32号）第96条第1項）。

　前記の「図　業務と身体傷害の関係」に示されている日本の労災認定の方式は、「災害」の概念がないのですから当然のものといえます。なお、1984年2月に、わが国で初めて業務による強い心理的負荷を原因とする精神障害の労災認定事例が生じたことから、「身体傷害」は「疾病」と、怪我を含めれば「傷病」と、死亡を含めれば「傷病等」と言い換えるのが適切です。[3]

　また、実務的にも、労働基準監督署における労災認定の判断、各都道府県労働局の労働者災害補償保険審査官が作成する決定書、労働保険審査会が作成する裁決書、さらには各級の裁判所における判決文にも、上記の「災害」概念を念頭においた文脈では記述されていないのです。[4]

　すなわち、わが国の労災認定は、業務と傷病等との間に補償に相当する因果関係（相当因果関係）があるかどうかで判断すべきであり、現にそのようにしています。

3　「災害主義」とその誤り

　「災害主義」には明確な定義がありませんし、「災害主義」について解説している通達や解説書も見当たりません。長谷川銈一郎著書の発行の後20年ほど経過した頃以降、一部の労災補償担当行政官が用いているのを筆者が聞いています。

　「災害主義」は、長谷川銈一郎著書にいう「災害疾病」の認定の考え方がベースであり、短期間の業務による出来事が疾病の原因である場合に認定するという考え方であり、災害疾病だけでなく、いわゆる職業病についてもこの考え方による認定をしようとする傾向があります。

　同著書が出版された後、当時の労働省では労災認定の理論書がなかった

こともあって十分な検証もせずに長谷川鎭一郎医師の考え方を採用することになりました。その裏付けとなる当時の資料には次の3点があります。
① 過労死（脳・心臓疾患）の最初の認定基準「中枢神経及び循環器系疾患（脳卒中、急性心臓死等）の業務上外認定基準について」（昭和36年2月13日基発第116号）は、専門家で構成される委員会（座長：高橋正義東京労災病院長）で審議された結果に基づいて策定されましたが、その委員に長谷川鎭一郎医師も含まれているとともに、策定された認定基準の内容も長谷川鎭一郎医師の考え方にほぼ沿うものでした。
② 現在でも「労災認定のバイブル」と称されることのある、労働基準監督署において労災認定を行うための解説書は、その初版が1961年（昭36）6月に発行されており、当時の解説書は労働省労働基準局労災補償部編著「労災補償 業務上外認定の理論と実際・負傷の部」と「労災補償 業務上外認定の理論と実際・疾病の部」という2分冊でした。その「負傷の部」の「第一篇　総論」の記述は長谷川鎭一郎著書のほぼ丸写しです。
③ 当時の労働保険審査会が作成した202ページのガリ版印刷の資料が残っており、次のような表紙です。この資料は、「労働福祉」という情報誌に連載されました長谷川鎭一郎医師の解説記事をまとめて印刷したもので、労働保険審査会における勉強材料とされたものと思われます。

```
事務室検討資料№15                              昭和40年10月
長谷川鎭一郎氏論稿（労働福祉自第8巻第6号至第9巻第12号所蔵）

              労災保険の理論と実際について
                ―業務災害の認定の問題―

                   労働保険審査会事務室
```

長谷川鎭一郎著書が発行された1956年（昭31）頃の医学における因果関係の考え方は、古くから感染症の研究を通して培われた病因―疾病の関係が1対1の関係にあるというのが基本でした。その頃から本態性高血圧症などの研究を通して複数の原因が疾病を招くものがあるというものに

変化してきています。

　このように、医学における因果関係論の未熟の時期に記述された長谷川銕一郎著書の理論に労災補償行政が現在でもしがみついており、前記②の解説書の「第一篇　総論」の記述は初版以降重ねられた改訂版においてもほぼ同じ内容で現在に至っています。

〔1〕労働者性のない有害業務従事期間を含む事例（じん肺症の事例）

　短期間の業務による出来事が疾病の原因である場合には認定するという災害主義は、過労死（脳・心臓疾患）の認定に直接的に影響してきましたが、いわゆる職業病にも少なからず影響を及ぼしています。ここでは1984年（昭59）の「じん肺症」の事例と誤りの修正の経過を記します。

◆　粉じん作業従事歴

労働者として従事	事業主として従事	発症
約25年	約5年	

　労働者として約25年粉じん作業に従事した者がその後事業主として約5年間粉じん作業に従事し、じん肺症を発症しました。労災保険給付の労災請求について次の経過があります。
① 　労災請求→労働基準監督署長…不支給決定（業務外の判断）
② 　審査請求→都道府県労働基準局の労災保険審査官…棄却の決定（業務外の判断）
③ 　再審査請求→労働保険審査会…棄却の裁決（業務外の判断）
④ 　地方裁判所に提訴（労働基準監督署長の不支給決定の取消請求訴訟）
　この④の提訴後、裁判の国側の代理人となる都道府県法務局の検事が都道府県労働基準局に対し「そもそもこの事例は業務上ではないか」との申出があり、これが労働本省に伝わりました。労働本省において筆者を含めて検討した結果は次のとおりです。
　　○　上記①～③の判断は最後の5年間が事業主であったことに着目して「業務外」の判断をしていました。発症直前の粉じんばく露の短い期間に着目した点について災害主義に通じるものがあります。

- およそ30年間の粉じんばく露全体を通じてじん肺が進展し、じん肺症の発症に至ったものであると理解すべきです。
- 労働者としての粉じんばく露と事業主としての粉じんばく露を比較し、どちらが主要な原因であるのか、により業務上であるか否かを判断すべきです。

 これらの考え方の結果、約25年の粉じんばく露歴のある労働者としての業務が主要な原因であることは明らかです。したがって、この事例は業務上と判断すべきでした。この事例については、労働本省から指示を出して労働基準監督署長が当初の不支給決定を自ら取り消し（自庁取消といいます。）、改めて支給決定（労災認定）をしました。

 同じ年に、他の地域でも類似の事例が発生していたことが分かり、同様の自庁取消としました。その後も類似の事例の発生が心配されましたので、じん肺症について労働者と事業主の両方の立場における粉じんばく露の従事歴がある場合の取扱い基準の通達を示して適正な認定を行うように全国に指示を出しました。その通達は、「粉じんばく露歴に労働者性の認められない期間を含む者に発生したじん肺症等の取扱いについて」（昭和61年2月3日基発第51号）、「粉じんばく露歴に労働者性の認められない期間を含む者に発生したじん肺症等の取扱いに関する留意事項について」（昭和61年2月3日補償課長名事務連絡第73号）というものです。

〔2〕過労死（脳・心臓疾患）の認定基準改正（2001年（平13）12月）

 過労死（脳・心臓疾患）の認定基準は、次の変遷を経て現在に至っています。なお、下記以外にも改正がありましたが、やや軽微な改正内容であるので省略しています。

---

(1) 1961年（昭36）2月13日基発第116号「中枢神経及び循環器系疾患（脳卒中、急性心臓死等）の業務上外認定基準について」（以下「1961年基準」といいます。）

　認定基準のあらまし
　業務に関連する突発的又はその発生状態を時間的、場所的に明確にしうる

出来事もしくは特定の労働時間内に特に過激（質的に又は量的に）な業務に就労したことによる精神的又は肉体的負担が通常<u>発病直前或いは少なくとも発病当日</u>に認められること。

(2) 1987年（昭62）10月26日基発第620号「脳血管疾患及び虚血性心疾患等の認定基準について」（以下「1987年基準」といいます。）

認定基準のあらまし

次のいずれかの要件を満たすこと。
① 発症前おおむね24時間以内に、発生状態を時間的及び場所的に明確にし得る業務に関連する異常な出来事に遭遇したこと（前記(1)の当初の認定基準と同じ。）。
② 発症前1週間以内に、日常業務に比較して、特に過重な業務に就労したこと。

(3) 1995年（平7）2月1日基発第38号「脳血管疾患及び虚血性心疾患等（負傷に起因するものを除く。）の認定基準について」（以下「1995年基準」といいます。）

認定基準のあらまし

上記の1987年基準の「発症前1週間以内」の要件を緩和し、発症前1週間以内の業務が日常業務を相当程度超える場合には、発症前1週間より前の業務を含めて総合的に判断すること。

(4) 2001年（平13）12月12日基発1063号「脳血管疾患及び虚血性心疾

患等（負傷に起因するものを除く。）の認定基準について」（以下「2001年基準」といいます。）

> **認定基準のあらまし**
>
> 次のいずれかの要件を満たすこと。
> ① 異常な出来事…上記の1987年基準の①と同じ。
> ② 短期間の過重業務…上記の1987年基準の②と同じ。
> ③ 長期間の過重業務…発症前おおむね6か月以内に特に過重な業務に就労したこと。

(5) 2021年（令3）9月14日基発0914第1号「血管病変等を著しく増悪させる業務による脳血管疾患及び虚血性心疾患等の認定基準について」（現行基準）

> **認定基準のあらまし**
>
> 上記の2001年基準と同じ。2001年基準にもあった労働時間以外の負荷要因を明確化した。

　1961年基準は、そのあらましにも現われているように、災害疾病（発症前24時間以内の出来事等を原因とする疾病）をより狭くした基準になっています。まさに長谷川鎮一郎医師の「災害疾病は補償の対象」と同じで「災害主義」そのものです。
　1987年基準と1995年基準は発症前短期間の出来事等が原因となっている場合に認定するというもので、「災害主義」を踏襲しています。
　2001年基準は、2000年（平12）7月17日に出されました横浜南労基署長事件の最高裁判決（判決の概要は第2章第3節2〔2〕(P.116)参照）に示された考え方を採用したもので、それまでの「災害主義」を脱却し、抜本的な改正がなされました。
　この抜本的な改正の考え方を整理すると次のようになります。

◆ 考え方の変更のポイント

```
過去の考え方

長谷川鋠一郎著書「災害補償法研究」
 （1956年（昭31））
・補償の対象は、職業病と災害疾病のみ
・脳・心臓疾患は災害疾病であるときに
 労災認定
（災害疾病＝疾病の原因が発症前24時
 間以内の業務にあるもの）

→ 1961年基準

→ 1987年基準、1995年基準
  でも基本的考え方を踏襲

◎脳出血で倒れる、心筋梗塞で倒れるといった発症のみに着目し、その原因
 が業務にあるかどうかを検討するという考え方
```

```
現在の考え方

最高裁判決が長期間の過重業務を採用 → 2001年基準

◎長期間の過重業務では疲労の蓄積による発症前の変化（動脈硬化等の血管
 病変の著しい増悪）も考慮するという考え方
```

　長谷川鋠一郎医師は、1916年（大正5年）8月19日付け発商局第5887号の工場法関係の通達以来わが国が採用してきた「業務に起因する疾病は補償の対象である」という考え方を無視し、補償の対象とする疾病

は職業病（業務上疾病リストに具体的に掲げられたもの）と災害疾病（発症の原因が発症前24時間以内にあるもの）だけに限定するというヨーロッパ方式を採用すべきであると主張しました。この主張には説得力のある理由は述べられていません。また、脳・心臓疾患は災害疾病である場合に補償されるとしています。この考え方は、脳出血、心筋梗塞等の脳・心臓疾患の「発症」のみに着目し、その発症の直接原因が業務にあるかどうかという観点で業務起因性を判断しようとするものです。

1961年基準は、この考え方をそのまま採用しており、当時の労働省が災害補償の基本を無視して採用した誤りといえます。

これに対して、2001年基準は、「長期間の過重業務による動脈硬化等の血管病変の著しい増悪にも着目する」ことにより、短期間の業務上の事由だけではなく、長期間にわたる業務上の疲労の蓄積も評価する考え方を採用したものです。すなわち、短期間の過重業務だけでは業務の一部しか評価していないのであり、長期間の過重業務も考慮することにより業務の全体を評価することになります。

なお、2001年基準は、横浜南労基署長事件の最高裁判決に加えて、1988年（昭63）から大きな社会問題となりました過労死問題が生じたために過労死（脳・心臓疾患）に関する疫学的研究などが盛んに行われるようになり、新たな認定基準の基礎になる医学的研究が進展したことも重要な背景になっています。

第4節　複数業務要因災害に関する保険給付の導入の誤り

本節では、労働者保護の政策目的に反して副業・兼業を促進するという政策転換を行い、副業・兼業を行っていた労働者に生じた傷病等の労災補償について、①保険給付の金額算定に使用する給付基礎日額（平均賃金）の不適切な算定方法の改善と②労災認定を適切に行うという目的で2020年（令2）に行われました労働者災害補償保険法の改正が、①については

当然に必要な改正でしたが、②については「災害主義」を基本にした改正内容であるために、新たな複数業務要因災害に関する保険給付の導入は間違いであることを述べます。

1　問題点の認識

　2020年（令2）3月31日、雇用保険法等の一部を改正する法律（令和2年法律第14号）が公布され、この法律の中の労働者災害補償保険法の改正規定は、一部を除いて同年9月1日から施行されました。
　この改正の主な内容は、次の2点です。
① 　複数事業労働者（副業・兼業を行う労働者）の保険給付の給付基礎日額は、複数事業ごとに算定した給付基礎日額に相当する額の合算とすること。
② 　複数業務要因災害に関する保険給付の新設
　改正の背景は、平成末期頃に厚生労働省が、副業・兼業については長時間労働を招き健康確保の観点から抑制すべきであるという施策から、経済成長促進のために副業・兼業を促進する施策に転換したことが挙げられます。その結果、①については、副業・兼業が増加するとともに、その従事労働者に生じた業務上の負傷、疾病等の労災補償については従事した複数業務の一方だけしか給付基礎日額に算定されず、休業補償給付等の不利益が指摘されるようになったこと、②については過労死（過重負荷による脳・心臓疾患）、精神障害等は複数業務の双方に原因の一部がある事例が多く、双方の業務による負荷を考慮する必要があると考えられたことにあると思われます。
　この改正にいう複数業務は、同一時期に複数の事業主のもとで業務に就労する場合を意味していますが、異なる時期に複数の事業主のもとで業務に従事する働き方はこれまで多数存在してきたのであり、その労災補償を巡って問題も生じてきた経過があります。そういった問題の解決への考え方に照らしますと、複数業務要因災害に関する保険給付を創設した考え方には違和感を覚える面があり、複数の事業主のもとで業務に従事する労働

者の労災認定については、同時性・異時性を問わず、共通的な考え方があって然るべきであると思われました。

2　給付基礎日額（平均賃金）の算定方法の歴史的経過

〔1〕当初の解釈例規（通達による説明）

　1953年（昭28）に、ある都道府県労働基準局からの照会に対して労働本省労働基準局が回答した「二重雇用関係にある者の平均賃金算定方法（労働基準法第12条関係）（昭和28年10月2日基収3048号）」が示されています。

　当時の時代背景としては、戦後の復興が進み、朝鮮戦争による特需もあって産業活動が盛んになってきた時期であり、同時に労働災害の増加が著しく、労災保険経済が単年度で赤字に陥った時期の頃のことでした。

　この照会は、H会社とK市役所の双方の仕事をした労働者がH会社において労働災害に遭遇し、死亡した事例の平均賃金の算定方法についてであり、当時の労働省労働基準局は、H会社から受け取った賃金から算定した平均賃金のみが労災補償における平均賃金であると回答しています。本通達には、理由や考え方は示されておらず、結論のみが示されています。

　この通達は、副業・兼業の場合の労災補償における給付基礎日額（平均賃金）について、2020年（令2）4月1日の改正労働者災害補償保険法の施行日の前日まで踏襲されて同様に取り扱われてきました。

〔2〕裁判事例

　雨夜真規子「副業・兼業労働者に係る給付基礎日額の算定基礎についての検討」（2020年）[5]には、次の3例の裁判事例が紹介されています。
　これらの裁判事例では、
① 労働災害を発生させた事業主に災害補償責任がある。
② メリット性を考慮しても労働基準法・労働者災害補償保険法では複数

の事業主の業務に従事することを想定しておらず、明文の規定がない。
③ 労働時間合算の規定（労働基準法第38条）が労災保険制度の補償額の合算の根拠になるとも、心理的負荷の程度を計る上での労働時間の合算の根拠になるとも言えない。

などとしていずれも平均賃金の算定に複数の業務による賃金を合算する理由がないとしています。

判決では、いずれも災害補償責任を負うべき事業主はどの事業主であるのか、に着目しており、労働者災害補償保険法の目的が労働災害の責任追及にあるかのような記述振りです。同法の目的は「労働者災害補償保険は、業務上の事由、事業主が同一人でない二以上の事業に使用される労働者（以下「複数事業労働者」という。）の二以上の事業の業務を要因とする事由又は通勤による労働者の負傷、疾病、障害、死亡等に対して迅速かつ公正な保護をするため、必要な保険給付を行い、あわせて、業務上の事由、複数事業労働者の二以上の事業の業務を要因とする事由又は通勤により負傷し、又は疾病にかかつた労働者の社会復帰の促進、当該労働者及びその遺族の援護、労働者の安全及び衛生の確保等を図り、もつて労働者の福祉の増進に寄与することを目的とする。」（第1条。現行規定）とされています。

すなわち、労働者災害補償保険法の目的には「労働災害の責任の明確化」などの趣旨の記述はなく、労働者の保護を行うことが主な目的とされています。

それにもかかわらず、災害補償責任論というべき類似の判決が示されていることは、推測ですが、国が「労働災害の責任論」を主張したのに対して、原告である被災労働者側（遺族を含む。）が労働者災害補償保険法の目的である「労働者保護論」を十分に主張しなかったか、又は裁判官の考え方に欠陥があったかのいずれかであるように思われます。また、裁判の判決は、基本的に前例主義ですので、最初の裁判例に後続の裁判例が大きく影響されることになると理解されます。

［裁判例1］王子労基署長（凸版城北印刷）事件
　　　　（最判昭61・12・16労判489号6頁）

本件は、印刷業を営むA社及び製本業を営むB社との間に雇用関係があった労働者たる原告Xが、A社において業務上負傷して支給されること

第4節　複数業務要因災害に関する保険給付の導入の誤り

となった障害補償給付の額について、労基署長によりA社から支払われた賃金のみに基づいて平均賃金を算定されたことから、A社とは別にB社とも雇用関係があった以上、B社で支払われた賃金をも含めて平均賃金を算定すべきであるとして争った事例です。

　高裁判決（東京高判昭和60年12月26日労判489号8頁）は、XはA社で就業中に業務上負傷したのであるから災害補償責任を負うべきはA社であり、Xに対する休業補償給付および障害補償給付は、A社から支払われた賃金を基礎として平均賃金を算定し、これを給付基礎日額として支給すべきところ、労基署長は既にその支給決定をしているのであるから、取消請求を棄却した一審判決を相当であるとしました。判決理由は、労災保険法による災害補償保険制度は業務災害に関しては使用者が無過失で負うべき災害補償責任（労基法8章）を保険する趣旨のものと解すべきであるから、その保険給付に当たっては、労災法8条1項の給付基礎日額は災害補償責任を負うべき使用者が被災労働者に対して支払った賃金を基礎として算定した平均賃金によるとしました。

　最高裁判決は、原審の判断を正当として是認することができるとし、上告を棄却しました。

[裁判例2] 国・淀川労基署長（大代興業ほか）事件
　　　　　（大阪地判平26・9・24労判1112号81頁（ダイジェスト））
　本件は、原告Xの夫である被災労働者が、A社においてはプール設備管理業務に、同時にB社においてはプールサイドの清掃業務に従事して複数の事業場で就労していましたが、両社共通の勤務現場である複合施設内で業務中に死亡したことについて、被告たる労基署長により、労災保険の給付額算定の基礎となる給付基礎日額を、労災を発生させたA社における賃金のみを基礎として算定されたため、B社における賃金も基礎に含めるべきであるとして争った事例です。

　Xが、被告である国の処分行政庁である労基署長に対して労災保険法に基づく遺族補償給付および葬祭料の給付請求をしたところ、処分行政庁は業務起因性を認めたものの、給付基礎日額はA社の平均賃金に基づき算定するとともに、時間外労働についてもXが主張する労働時間の一部のみを前提とした処分をしたため、審査請求および再審査請求を行ったもののい

ずれも棄却され、本件訴えを提起し、その取消しを求めたものです。

判決は、Xの夫がA社の業務が終了した後にB社の従業員として1時間半ほど清掃業務を行っており、Xの夫の死亡という労災がA社の業務に起因することについては当事者間に争いがないとしつつ、労災保険法に基づく補償は、労基法に基づく個々の使用者の労働者に対する災害補償責任を前提としているものであり、メリット制をみても、複数の事業場における業務が相まって初めて危険が発生したとして双方の事業者に共同の責任を負わせることは想定していないと論じています。また、前述のような複数の事業者の共同の災害補償責任を認めるためには明文の規定を設けることが必要であると解されますが、そのような規定は労基法に見当たらず、また労災保険法においてもそれを前提とした規定は見当たらないとして、原告の訴えを退けたものです。

[裁判例3] 国・新宿労基署長事件
（東京地判平成24年1月19日労経速2142号21頁）

本件は、午前中はA社、午後はB社、その後再びA社で実質的には編集者として勤務していた原告Xの子たる被災労働者が精神障害を発症し死亡したため、Xが遺族補償給付および葬祭料の支給を求めたところ、審査請求の末にA社の賃金に基づく給付の支給処分を得ましたが、給付基礎日額の算定についてはA社だけでなく被災労働者が被災当時兼業していたB社から支払われるべき賃金も合算して算定すべきであると主張したものの認められなかったため、行政処分取消請求訴訟を提起した事例です。

判決は、労基法38条1項が労働時間の複数事業場の合算を認めているから給付基礎日額の算定についても同様に合算を認めるべきとするXの主張に対し、労働時間の規制の観点から規定された労働時間合算の規定が労災保険制度の補償額の合算の根拠になるとも、心理的負荷の程度を計る上での労働時間の合算の根拠になるとも言えないと判示して、本件に係る請求を棄却しました。

一方で判決は、本件では労災保険法8条1項の給付基礎日額の算定方法が問題となっているところ、補償額は、当該労災に対して業務起因性のある業務を行った企業体での労基法12条所定の平均賃金を基礎として計算されるとした上で、B社での業務が危険を内在し、本件災害がその危険の

現実化であると評価できる場合には、B社の平均賃金を合算して給付基礎日額を算定しうるとの一般論を述べています。その上で、B社の業務が、本件災害を生じさせるだけの危険を内在していたかという観点から検討した結果、当該危険が内在していたとは認めず、原告の請求を棄却したものの、理論上はA社とB社の平均賃金の合算を認めたものです。本件のような疾病型の事案においては、2つの雇用関係において、それぞれ業務起因性が認められれば、給付基礎日額の合算が認められるとの判断が示された点に本判決の意義があります。

〔3〕2004年（平16）7月の「労災保険制度の在り方に関する研究会　中間とりまとめ」

　厚生労働省が設置した「労災保険制度の在り方に関する研究会」は、2004年（平16）7月、「中間とりまとめ」を提出し、副業・兼業労働者の労働災害に係る給付基礎日額の算定については、

　　労災保険制度の目的は、労働者が被災したことにより喪失した稼得能力を填補することにあり、このような目的からは、労災保険給付額の算定は、被災労働者の稼得能力をできる限り給付に的確に反映させることが適当であると考えられることから、二重就職者についての給付基礎日額は、業務災害の場合と通勤災害の場合とを問わず、複数の事業場から支払われていた賃金を合算した額を基礎として定めることが適当である

としており、事業主の災害の責任論ではなく、労働者災害補償保険法に定める目的に沿った考え方を示しています。中間とりまとめの該当部分の抜粋は、次のとおりです。

　「労働者が2つの事業場で働き、賃金の支払いを受けている場合、通常はその合算した額をもとに生計を立てているものであると考えられるが、そのような場合であっても、現在は、業務災害又は通勤災害によって障害を負って労働不能になった場合や死亡した場合の障害（補償）年金や遺族（補償）年金等に係る給付基礎日額は、前述のように発生した災害に関わる事業場から支払われていた賃金をもとに算定されることとなる。

　その結果、業務災害又は通勤災害による労働不能や死亡により失われる稼得能力は2つの事業場から支払われる賃金の合算分であるにもかかわら

ず、実際に労災保険から給付がなされ、稼得能力の填補がなされるのは片方の事業場において支払われていた賃金に見合う部分に限定されることとなる。特に、賃金の高い本業と賃金の低い副業を持つ二重就職者が副業に関し業務上又は通勤途上で被災した場合には、喪失した稼得能力と実際に給付される保険給付との乖離は顕著なものとなる。

　また、既に厚生年金保険法の老齢厚生年金等や健康保険法の傷病手当金については、同時に複数の事業所から報酬を受ける被保険者については、複数の事業所からの報酬の合算額を基礎とした給付がなされることとされている。」

　前述のように労災保険制度の目的は、労働者が被災したことにより喪失した稼得能力を填補することにあります。このような目的からは、労災保険給付額の算定は、被災労働者の稼得能力をできる限り給付に的確に反映させることが適当であると考えられることから、二重就職者についての給付基礎日額は、業務災害の場合と通勤災害の場合とを問わず、複数の事業場から支払われていた賃金を合算した額を基礎として定めることが適当であるといえます。

〔4〕副業・兼業の促進への政策転換

[従来の政策]

　厚生労働省は、従来からモデル就業規則を示しており、副業・兼業については、「許可なく他の会社等の業務に従事しないこと」という条項が掲げられていました。

　2016年からは、政府が働き方改革を推進しており、働き方改革とは、ワークライフバランスの実現として長時間労働の是正や柔軟な働き方を認めることであるとされています。この改革の一環として、政府では多様な働き方を推進し、その1つとして副業も含まれているため、政府により副業解禁の方向性が示されました。

[働き方改革実行計画]

　2017年（平29）3月28日、働き方改革実現会議において「働き方改革実行計画」が決定され、副業・兼業については、複数の事業所で働く方

第4節　複数業務要因災害に関する保険給付の導入の誤り

の保護等の観点や副業・兼業を普及促進させる観点から、労働時間管理及び健康管理の在り方等について検討を進めることとされました。

2017年（平29）10月3日から「柔軟な働き方に関する検討会」が開催され、同年12月25日に「柔軟な働き方に関する検討会報告」がとりまとめられました。

[副業元年2018年（平30）]

厚生労働省は、2018年（平30）1月に「モデル就業規則」を改訂し、従来の「許可なく副業しない」という規定が削除され、勤務時間外であれば副業できる内容としました。具体的なモデル就業規則（令和5年7月版）の該当する条文は、次のとおりです。

（副業・兼業）
第70条　労働者は、勤務時間外において、他の会社等の業務に従事することができる。
2　会社は、労働者からの前項の業務に従事する旨の届出に基づき、当該労働者が当該業務に従事することにより次の各号のいずれかに該当する場合には、これを禁止又は制限することができる。
① 　労務提供上の支障がある場合
② 　企業秘密が漏洩する場合
③ 　会社の名誉や信用を損なう行為や、信頼関係を破壊する行為がある場合
④ 　競業により、企業の利益を害する場合

また、2018年（平30）1月に、「副業・兼業の促進に関するガイドライン」を策定しました（本ガイドラインは、2020年（令2）9月1日及び2022年（令4）7月8日に改定されています。）。

これらにより、副業・兼業を本格的に推進する環境が作られたため2018年（平30）は「副業元年」といわれています。

2018年（平30）7月17日からおよそ1年、「副業・兼業の場合の労働時間管理の在り方に関する検討会」において議論し、報告書がとりまと

められ、2019年（令元）8月8日に公表されました。

　2019年（令元）9月26日以降に、労働政策審議会・労働条件分科会で「副業・兼業の場合の労働時間管理の在り方」について議論されました。2020年（令2）6月25日開催の労働政策審議会・労働条件分科会配布資料「副業・兼業の場合の労働時間管理について」には、「労働条件分科会におけるこれまでの主なご意見と今後検討すべき事項のイメージ②」として次のように記述されています。

　「【今後検討すべき事項のイメージ】
　　○　労働者の健康確保に留意し、長時間労働・過重労働につながらないようにするという観点を持ちつつ、副業・兼業の場合の実効性ある労働時間管理の在り方
　　○　労働者の副業・兼業の確認及び副業・兼業を認めるに当たっての判断に必要となる情報
　　○　副業・兼業を行っている労働者の労働時間の把握、特に労働者の自己申告による労働時間の把握
　　○　副業・兼業を行っている労働者の労働時間を通算して管理するに当たって、本業、副業・兼業先及び労働者の間において必要となる情報
　　○　「本業」及び「副業・兼業先」の考え方
　　○　本業、副業・兼業先が3つ以上になった場合等の取扱
　　○　月単位での労働時間の管理等、使用者の労務管理の負担軽減を図りつつ、簡便に労働時間を管理する方法
　　○　副業・兼業の場合の競業避止、情報漏洩、安全配慮義務等
等」

〔5〕副業・兼業促進の時代背景

　前記のような経過で副業・兼業が促進されてきましたが、労働者保護を目的とする労働基準行政の視点からは、間違っています。
　副業・兼業の促進については、多様な働き方を進めるといったもっともらしい言葉を使って説明していますが、長時間労働につながり労働者の健康のためには望ましくはないことが明らかです。産業が発展してきた国々

のほとんどは実質的賃金が増加していますが、最近約30年間で唯一日本だけが実質的な賃金が減少し続けています。このため、生活費の確保のため可能であれば副業・兼業に取り組もうとする者が少なくなく、これを「副業・兼業の促進の成果」であるとしていますが、副業・兼業を行うのは国民の生活苦のためであるという本筋の理解から目をそらそうとしています。

　ここで、2023年（令5）6月15日に朝日新聞に掲載された投書を紹介します。本投書は副業・兼業に関連するものではありませんが、国民のための政策が進められていないことを指摘しています。

「適齢期」でも一人で精いっぱい

会社員　女性（東京都　32歳）

　私は一人暮らしで独身の会社員だ。持病があるが、職場では無理せず働くことができ、毎日在宅勤務をしている。給与は多くないが、節約や投資をして、一人暮らしできている。都内に実家もあるので恵まれていると思う。

　それでも困っているのが、社会保険料の高さだ。税金と合わせ給与から2割も引かれ、40歳になったら介護保険料も徴収される。子育て政策のため、さらに社会保険料が上がるのも恐ろしい。給与が増えないのに、食料品や電気代は高騰しており、今後の生活が不安になる。

　幸い在宅勤務なので服は買わず、髪は自分で切り、化粧は一切せずに節約している。それでも将来に不安を抱く。こんな世の中では、結婚、出産など絶対したくない。子育てなどする時間もお金も気力もない。

　一人で生きるのに精いっぱいの毎日に、時に生きているのが嫌になる。いわゆる結婚適齢期にこのような人間がいることを、政府は知ってほしい。子育て政策のためのバラマキではなく、国民が平等に安心して暮らせる世の中になるような政策を考えてほしい。

　少子化の真の主な原因は、この投書で指摘されているように「国民が平等に安心して暮らせる世の中」ではなくなったことにあります。少子化対策のためには、その原因を適切に把握してこれに見合った政策を講ずる必

要がありますが、国民が平等に安心して暮らせる世の中になるような政策をしてきていない政府は自分の首を絞めることになるので正しい原因を見据えることができず、子供対策といった見当違いの政策でごまかしています。

　政府は、少なくとも「失われた30年」の期間中、経済優先のため企業への優遇策、例えば法人税減税などを具体化してきている一方、消費税増税など国民の負担を増大させる政策を進めてきています。国民のための政治はしないという水面下の大方針があるようにさえ見受けられます。予算のばらまきにより国民のための政治を装ってはいますが、効果の薄いアリバイづくり程度の予算であって、上記の投書のとおり国民生活は困窮しています。予算の配分については、既得権の維持を優先させているため、企業優先策にもなっています。実質賃金の下げ続けに加え、子供の貧困率など各種の指標も先進国などの国々の中で最下位となっています。「失われた30年」は令和の時代になっても継続させるつもりのようです。

　このような時代背景の時期には、一見適切に思われる政策である副業・兼業の促進と複数業務要因災害保険給付の制度化には注意深く考察を加えなければなりません。

　副業・兼業の促進政策の真の原因を追究してみると、政府の経済優先政策があります。すなわち、GDP（国内総生産）を少しでも増やしたいというのです。労働人口が減少する中でGDPを増やすため副業・兼業や時間外労働によって多く働いてもらいたいのです。労働基準行政の長も内閣府人事局に縛られているので、政府の大方針である経済優先政策に忖度しなければならないという事情があると考えられます。

　副業・兼業は、前記のとおり、労働者の長時間労働による過労死等の予防に資するように抑制すべきであり、多様な働き方を進めるなどの説明はごまかしです。本来これを抑制して労働者が普通の生活ができるようにしなければなりません。

　副業・兼業の促進はあたかも適切な政策であると言い訳するかのように、複数業務要因災害に関する保険給付を制度化したのでした。

第4節　複数業務要因災害に関する保険給付の導入の誤り

3 複数業務要因災害に関する保険給付の創設とその考え方

〔1〕労基法の災害補償責任と労災保険法による労災補償制度

　前記の裁判事例の判決で見られた労働基準法に基づく個別使用者責任は、使用者の立場に立つ考え方であり、その本来の目的である労働者保護の視点が欠けていると言わざるを得ません。とりわけ労働者災害補償保険法では労働基準法の最低基準を超えて手厚い補償制度を構築してきた経過があります。年金制度、通勤災害保護制度、特別支給金制度、介護補償給付その他の制度がこれに当たり、これらは労働基準法には定めのない制度です。

　今回の労働者災害補償保険法改正による複数業務要因災害に関する保険給付の主な規定を掲げると次のとおりです。

労働者災害補償保険法（昭和 22 年法律第 50 号。現行の規定。抜粋）

第1条　労働者災害補償保険は、業務上の事由、事業主が同一人でない二以上の事業に使用される労働者（以下「複数事業労働者」という。）の二以上の事業の業務を要因とする事由又は通勤による労働者の負傷、疾病、障害、死亡等に対して迅速かつ公正な保護をするため、必要な保険給付を行い、あわせて、業務上の事由、複数事業労働者の二以上の事業の業務を要因とする事由又は通勤により負傷し、又は疾病にかかった労働者の社会復帰の促進、当該労働者及びその遺族の援護、労働者の安全及び衛生の確保等を図り、もって労働者の福祉の増進に寄与することを目的とする。

第2条の2　労働者災害補償保険は、第1条の目的を達成するため、業務上の事由、複数事業労働者の二以上の事業の業務を要因とする事由又は通勤による労働者の負傷、疾病、障害、死亡等に関して保険給付を行うほか、社会復帰促進等事業を行うことができる。

第7条　この法律による保険給付は、次に掲げる保険給付とする。

　一　労働者の業務上の負傷、疾病、障害又は死亡（以下「業務災害」とい

う。)に関する保険給付
二　複数事業労働者(これに類する者として厚生労働省令で定めるものを含む。以下同じ。)の二以上の事業の業務を要因とする負傷、疾病、障害又は死亡(以下「複数業務要因災害」という。)に関する保険給付(前号に掲げるものを除く。以下同じ。)
三　労働者の通勤による負傷、疾病、障害又は死亡(以下「通勤災害」という。)に関する保険給付
四　二次健康診断等給付

第8条　給付基礎日額は、労働基準法第12条の平均賃金に相当する額とする。この場合において、同条第1項の平均賃金を算定すべき事由の発生した日は、前条第1項第1号から第3号までに規定する負傷若しくは死亡の原因である事故が発生した日又は診断によって同項第1号から第3号までに規定する疾病の発生が確定した日(以下「算定事由発生日」という。)とする。

②　(略)

③　前2項の規定にかかわらず、複数事業労働者の業務上の事由、複数事業労働者の二以上の事業の業務を要因とする事由又は複数事業労働者の通勤による負傷、疾病、障害又は死亡により、当該複数事業労働者、その遺族その他厚生労働省令で定める者に対して保険給付を行う場合における給付基礎日額は、前2項に定めるところにより当該複数事業労働者を使用する事業ごとに算定した給付基礎日額に相当する額を合算した額を基礎として、厚生労働省令で定めるところによって政府が算定する額とする。

第20条の2　第7条第1項第2号の複数業務要因災害に関する保険給付は、次に掲げる保険給付とする。
一　複数事業労働者療養給付
二　複数事業労働者休業給付
三　複数事業労働者障害給付
四　複数事業労働者遺族給付
五　複数事業労働者葬祭給付
六　複数事業労働者傷病年金
七　複数事業労働者介護給付

第20条の3　複数事業労働者療養給付は、複数事業労働者がその従事する

二以上の事業の業務を要因として負傷し、又は疾病（厚生労働省令で定めるものに限る。以下この節において同じ。）にかかった場合に、当該複数事業労働者に対し、その請求に基づいて行う。

② （略）

第20条の4　複数事業労働者休業給付は、複数事業労働者がその従事する二以上の事業の業務を要因とする負傷又は疾病による療養のため労働することができないために賃金を受けない場合に、当該複数事業労働者に対し、その請求に基づいて行う。

② （略）

第20条の5　複数事業労働者障害給付は、複数事業労働者がその従事する二以上の事業の業務を要因として負傷し、又は疾病にかかり、治ったとき身体に障害が存する場合に、当該複数事業労働者に対し、その請求に基づいて行う。

②　複数事業労働者障害給付は、第15条第1項の厚生労働省令で定める障害等級に応じ、複数事業労働者障害年金又は複数事業労働者障害一時金とする。

③ （略）

第20条の6　複数事業労働者遺族給付は、複数事業労働者がその従事する二以上の事業の業務を要因として死亡した場合に、当該複数事業労働者の遺族に対し、その請求に基づいて行う。

②　複数事業労働者遺族給付は、複数事業労働者遺族年金又は複数事業労働者遺族一時金とする。

③ （略）

第20条の7　複数事業労働者葬祭給付は、複数事業労働者がその従事する二以上の事業の業務を要因として死亡した場合に、葬祭を行う者に対し、その請求に基づいて行う。

② （略）

第20条の8　複数事業労働者傷病年金は、複数事業労働者がその従事する二以上の事業の業務を要因として負傷し、又は疾病にかかった場合に、当該負傷又は疾病に係る療養の開始後一年六箇月を経過した日において次の各号のいずれにも該当するとき、又は同日後次の各号のいずれにも該当することとなったときに、その状態が継続している間、当該複数事業労働者

に対して支給する。
一　当該負傷又は疾病が治っていないこと。
二　当該負傷又は疾病による障害の程度が第12条の8第3項第2号の厚生労働省令で定める傷病等級に該当すること。
②　（略）
第20条の9　複数事業労働者介護給付は、複数事業労働者障害年金又は複数事業労働者傷病年金を受ける権利を有する複数事業労働者が、その受ける権利を有する複数事業労働者障害年金又は複数事業労働者傷病年金の支給事由となる障害であって第12条の8第4項の厚生労働省令で定める程度のものにより、常時又は随時介護を要する状態にあり、かつ、常時又は随時介護を受けているときに、当該介護を受けている間（次に掲げる間を除く。）、当該複数事業労働者に対し、その請求に基づいて行う。
一　障害者支援施設に入所している間（生活介護を受けている場合に限る。）
二　第12条の8第4項第2号の厚生労働大臣が定める施設に入所している間
三　病院又は診療所に入院している間
②　（略）
第20条の10　この節に定めるもののほか、複数業務要因災害に関する保険給付について必要な事項は、厚生労働省令で定める。

　このような改正の結果、労働者災害補償保険法による労働者の死傷病に関する保険給付を簡単にまとめると次のようになりました。

保険給付がなされる場合	業務災害	複数業務要因災害	通勤災害
傷病の療養をするとき	療養補償給付	複数事業労働者療養給付	療養給付
療養のため労働することができず、賃金を受けられないとき	休業補償給付	複数事業労働者休業給付	休業給付
治ゆ（症状固定）した後に障害が残ったとき	障害補償給付	複数事業労働者障害給付	障害給付

死亡したとき	遺族補償給付	複数事業労働者遺族給付	遺族給付
葬祭を行ったとき	葬祭料	複数事業労働者葬祭給付	葬祭給付
療養開始後1年6か月を経過した後傷病等級に該当するとき	傷病補償年金	複数事業労働者傷病年金	傷病年金
年金受給者のうち第1級の者または第2級の精神・神経の障害および胸腹部臓器の障害の者であって、現に介護を受けているとき	介護補償給付	複数事業労働者介護給付	介護給付

〔2〕施行通達等による説明の問題点

　複数業務要因災害に関する保険給付の創設の考え方などについて、その施行通達の記述を検討すると、次のとおりです。施行通達とは、2020年（令2）8月21日基発0821第1号「雇用保険法等の一部を改正する法律等の施行について（労働者災害補償保険法関係部分）」であり、改正条文の説明などがなされています。

ア　「改正の趣旨」

> ・我が国における、事業主が同一人でない二以上の事業に使用される労働者（以下「複数事業労働者」という。）を取り巻く状況を見ると、多様な働き方を選択する者やパートタイム労働者として複数就業している労働者が増加している実情がある。

（以下における囲み記述は通達文の抜粋）

　労働者が多様な働き方を求めているなどとしてあたかも副業・兼業労働者の増加の要因は労働者の側の選択によるものであるかのように記述しています。しかし、先進国では実質賃金が上昇し続けていますが、衰退国・日本では30年以上にわたる実質賃金の低下によって生じている生活苦などが副業・兼業労働者の増加の主な要因です。

> - 複数事業労働者が安心して働くことができる環境を整備するため、複数事業労働者に関する保険給付について複数事業労働者を使用する全事業の賃金を合算すること、複数事業労働者を使用するそれぞれの事業における業務上の負荷のみでは業務と疾病等々の間に因果関係が認められない場合に、複数事業労働者を使用する全事業の業務上の負荷を総合的に評価すること等について、労災法等の改正が行われた。

　複数事業労働者を使用する全事業の賃金を合算することについては、そもそも前記の1953年(昭28)10月2日基収3048号通達が間違いであり、その時点で賃金の合算の規定を設けるべきであり、改正法施行まで70年近く放置し、踏襲してきたことが間違いでした。
　「労働者の労働災害に関し全事業の業務上の負荷を総合的に評価する」のは、労災保険制度の目的が「労働者の負傷、疾病、障害、死亡等に対して迅速かつ公正な保護をする」ことにありますので当然のことであるとともに、労災保険が全国の事業主が納付した保険料により維持されていることを考慮すべきであり、複数業務要因災害に関する保険給付の創設がなくても個々の使用者の責任に着目するのではなく、疾病等の原因が何であるかについて医学常識に照らし、かつ、被災労働者の保護の観点から理解しなければなりません。この点についてはさらに後述します。

イ　「労災保険の目的の改正」

> - 複数業務要因災害に関する保険給付は、それぞれの就業先の業務上の負荷のみでは業務と疾病等との間に因果関係が認められないことから、いずれの就業先も労働基準法上の災害補償責任は負わない。

　「それぞれの就業先の業務上の負荷のみでは業務と疾病等との間に因果関係が認められない」としていますが、具体的な様々な事例について「因果関係が認められない」とは容易に言い切れるものではありません（次の項目で詳述）。「目的の改正」という項目において災害補償責任に言及した

意味は何なのでしょうか。法の目的には「災害補償責任の明確化」などはないはずです。

ウ 「保険給付関係」

- 従来は、労働者を使用する事業ごとに業務上の負荷を評価しており、仮に単独の事業であれば業務災害と認定し得る業務上の負荷を複数の事業において受けている場合には保険給付が行われず、労働者の稼得能力や遺族の被扶養利益の損失に対する填補が不十分であった。
- 業務災害には該当しないものの、各事業における業務上の負荷を総合的に評価すれば労災認定される場合には、労働者の稼得能力や遺族の被扶養利益の損失を填補する観点から複数業務要因災害という新たな保険給付が創設された。
- 「二以上の事業の業務を要因とする」とは、複数の事業での業務上の負荷を総合的に評価して当該業務と負傷、疾病、障害又は死亡（以下「傷病等」という。）の間に因果関係が認められることをいう。

上記の説明では「従来は、労働者を使用する事業ごとに業務上の負荷を評価しており、仮に単独の事業であれば業務災害と認定し得る業務上の負荷を複数の事業において受けている場合には保険給付が行われず」と記述していますが、この考え方が明白な誤りで、「第4節　複数業務要因災害に関する保険給付の導入の誤り」の最も重要なポイントです。すなわち、次のような欠陥があります。

(ア) 法の目的の曲解

複数業務従事者の労災認定に係る裁判例（2015年（平27）5月7日大阪高裁判決）においては、労働者災害補償保険法12条の8を根拠として、災害補償責任は双方の使用者に課すことはできず片方の使用者のみの責任になるので、片方の使用者における労働負荷のみを評価の対象として労災認定を行うことになるという趣旨を述べています（判決の抜粋は下記のとおりです。）。

本章第4節の「2　給付基礎日額（平均賃金）の算定方式の歴史的経過」の「〔2〕裁判事例」に記述しましたように、労働者災害補償保険法の目的は使用者の責任の追及にあるのではなく、労働者の保護を行う

ことにあります。2015年（平27）大阪高裁判決は、これを認識できておらず、当該箇所に掲げた3例の裁判例と同じテツを踏んだ誤りといえます。

複数業務従事者の労災認定に係る裁判例
（2015年（平27）5月7日大阪高裁判決）

【判決】（抜粋）

　…特に、原告が支給を求める遺族補償給付の一つである遺族補償年金制度は、労働者の業務上の死亡によってもたらされた被扶養利益の喪失を填補することを目的とするもので、社会保障的性質をも有することは否定できないが、そのような性質を有する遺族補償給付をどのように定めるかは上記制度の性格を踏まえた立法府の合理的な裁量に委ねられているというべきでり、二重就労者が一の事業場の業務に起因して負傷、疾病、障害又は死亡に至った場合に労災保険法の趣旨や遺族補償給付の性質を根拠として直ちに平均賃金の算定において複数事業場の賃金を合算することが当然に帰結されるものではない。

　…ある事業場での勤務時間以外の時間について、労働者がどのように過ごすのかについては、当該労働者が自由に決定すべきものであって、当該事業場は関与し得ない事柄であり、当該事業場が労働災害の発生の予防に向けた取組みをすることができるのも自らにおける労働時間・労働内容等のみである。そうすると、当該事業場と別の事業場が実質的には同一の事業体であると評価できるような特段の事情がある場合でもない限り、別の事業場での勤務内容を労災の業務起因性の判断において考慮した上で、使用者に危険責任の法理に基づく災害補償責任を認めることはできない。

　したがって、先に掲げた場合（両事業場における就労を併せて評価すれば初めて過重負荷と評価できる場合）には、いずれの事業場の使用者にも災害補償責任を認めることはできないにもかかわらず、両事業場での就労を併せて評価して業務起因性を認めて労災保険給付を行うことは、労基法に規定する災害補償の事由が生じた場合に保険給付を行うと定めた労災保険法12条の8の明文の規定に反するというほかない。

(イ) 単一の使用者のみの責任という考え方の破綻

　本節に後述した原発ジプシーやブンゴドッコ（豊後土工）(P.78)（の過去の多数の事例では、最終に従事した使用者の仕事より以前の別の使用者の仕事における有害要因へのばく露を総合的に考慮して当該労働者の有害業務全体を評価して労災認定されています。2015 年（平 27）大阪高裁判決のように単一の使用者のみに責任があるという考え方は数十年以上前から破綻しているというべきです。

　したがって、施行通達にいう「従来は、労働者を使用する事業ごとに業務上の負荷を評価しており」という記述は間違いであり、労働者が従事した業務であればその全てを総合的に評価しなければなりません。

(ウ) 複数の事業に係る事例の認定の考え方

　施行通達には「仮に単独の事業であれば業務災害と認定し得る業務上の負荷を複数の事業において受けている場合には保険給付が行われず」と記述していますが、例えば、次のような脳・心臓疾患の例を述べていると思われます。実例であれば労働時間だけで判断はしないのですが、理解しやすいように単純化して労働時間だけをみるものとします。一人の労働者が発病前 1 か月の時間外労働が単独の事業で 110 時間の場合と、複数の事業で 65 時間と 45 時間の場合をみますと、単独の事業では業務上となり、複数の事業に分割されている場合は業務外になるという説明をしています。

○単独の事業 …… 発病前 1 か月の時間外労働が 110 時間 …… 業務上として労災認定

○複数の事業
・A 事業の 1 か月の時間外労働が 65 時間
・B 事業の 1 か月の時間外労働が 45 時間
業務外として労災認定せず

　従来は労働者を使用する事業ごとに業務上の負荷を評価するという前提があるためにこのように判断が分かれるという説明をしていますが、その前提そのものが誤りと言えます。すなわち、**一人の労働者がかかった一つ**

の疾病についてその主な原因は、その労働者の従事した業務の全体を評価すべきものです。Ａ事業とＢ事業のそれぞれについて別々に評価する理由はありません。結局、上記の例の単独の事業、複数の事業のいずれも業務上と判断すべきです。

　単独の事業、複数の事業を区別して評価できる場合は、被災労働者自身がＡ事業の事業主であるような場合です。すなわち、Ａ事業では労働者として業務に就労したのではないので、業務上の原因として評価はなされないのです。このような場合にはＡ事業とＢ事業の業務を比較し、主な原因がどちらの労働であるのかを検討します。Ａ事業とＢ事業の業務の１か月間の時間外労働に相当する時間の合計が110時間に及んだ次のような例を考えるには、１か月間の総労働時間に占めるそれぞれの労働時間の合計の割合をみます。

○複数の事業 ｛
・Ａ事業の事業主としての就労時間の合計が65％
・Ｂ事業の労働者としての労働時間の合計が35％
｝ Ａ事業の労働時間が主な原因であるので、業務外であって労災認定されません。

　※脳・心臓疾患の認定基準における「長期間の過重業務」では、発病前６月間に複数月の時間外労働がおおむね80時間以上又は発病前１か月の時間外労働がおおむね100時間以上で認定するのが原則です。労働時間以外の負荷要因を加えて総合的に評価します。

　上記の施行通達の記述には、前記「第３節『災害主義』の誤り」で述べた「災害主義」に通じるような誤りについてさらに説明すると次のとおりです。

　複数業務要因災害に関する保険給付の創設には、第１章第３節３〔1〕に掲げました「労働者性のない有害業務従事期間を含む事例」で示したものと同様の誤りを犯しています。

　すなわち、**疾病の業務上の原因の全体を見ようとせず、業務上の原因の**

うち傷病等の発生した事業のみの原因に着目しようとしているのです。労働者が従事した各事業における業務上の原因を総合的に評価すれば労災認定される場合は、当然に業務災害（※）です。これは、過重業務による脳・心臓疾患や精神障害に限らず、じん肺症など各種の業務上疾病に共通です。したがって、新たな複数業務要因災害に関する保険給付は必要ないのです。すなわち疾病の労災認定の考え方に誤りがあり、これを前提とした法律改正が行われたということになります。

　　※業務災害とは、従来からある療養補償給付、休業補償給付、遺族補償給付などの保険給付の対象となる労働災害をいいます。

　なお、複数業務要因災害の例ではありませんが、次のような事例は多数あり、発病直近の事業場だけではなく、過去に従事した事業場の有害要因の全体を評価して実際に労災認定されてきています。

① 　原発ジプシー…定期修理のある原子力発電所を転々として移動し、電離放射線被ばくを受けた労働者を「原発ジプシー」といいますが、例えば、白血病を発病して労災請求された事例については、直近の原子力発電所における被ばく線量だけで業務との因果関係を評価するのではなく、過去の多くの原子力発電所で受けた被ばく線量の合計によって評価しています。

② 　ブンゴドッコ（豊後土工）…大分県南部の労働者で全国のずい道建設工事を転々と移動して粉じんばく露作業に従事した者を「ブンゴドッコ」といいますが、じん肺症に罹患して労災請求された場合には、エックス線写真の像と著しい肺機能障害の有無により療養が必要なじん肺症に至っているか、あるいは合併症の検査によりじん肺合併症にかかっているかを検討します。すなわち、エックス線写真の像では過去の粉じん作業の全体によって少しずつ進展してきた状況を把握して評価しています。最終のずい道建設工事における粉じんばく露作業だけで評価しているわけではありません。

　以上のことから、通達にいう「従来は、労働者を使用する事業ごとに業務上の負荷を評価しており…」というのはいわゆる災害主義からきた考え方であり、間違いであることが明白です。

　なお、令和２年法律第14号によるこの改正の施行前に、「従来は、労働者を使用する事業ごとに業務上の負荷を評価しており、仮に単独の事業

であれば業務災害と認定し得る業務上の負荷を複数の事業において受けている場合には保険給付が行われず」という記述に実際に該当し、労災認定されるべき事例で労災認定がなされなかったような例があったのであれば、さかのぼって再調査のうえ、決定をやり直すべきでしょう。

> - なお、業務災害の認定に関する取扱いは従来のとおりであり、複数事業労働者に対して業務災害として保険給付を行う場合を除き、複数業務要因災害に該当するか否かの判断を行うものである。

　ここでも「業務災害の認定に関する取扱いは従来のとおりであり」としていますが、既に述べましたように、2015年（平27）5月7日の大阪高裁判決の法の目的にそぐわない事業主の責任論に基づく理論展開には齟齬があり、考え方の根拠にはならないのです。
　複数業務要因災害として過労死（脳・心臓疾患）と精神障害を想定しているようです。しかし、複数の事業場の双方において、重量物取扱い作業、情報機器作業、アーク溶接作業・ずい道建設作業等の粉じん作業、化学物質ばく露作業その他多くの有害作業のうちの同種の有害作業に従事する複数業務に従事する労働者が存在すると考えられ、これらの作業により腰痛、上肢障害、産業中毒、じん肺症・じん肺合併症、職業がん等の疾病が発生した場合には、双方の事業場の業務上の有害要因へのばく露量を合算して総合的に評価しなければなりません。
　複数業務従事労働者が一方の職場の危険業務により負傷を負った場合には、他方の職場の使用者に労働基準法上の災害補償責任がないのは明らかですが、ここで論ずるべき課題はどちらに責任があるかではなく、どうすれば被災労働者の保護を適切にできるか、ということです。

〔3〕従来の考え方－災害主義の残像－

　労災補償制度の事実上の運用を所管している労働基準局補償課は、制度の欠陥を自ら認識して修復していく能力はほとんどなく、社会的要請の高揚があってはじめて取組みを始めるというのが従来からの体質です。複数

業務要因災害における平均賃金の算定もその一つです。

　従来から労災補償制度の運用に際しての考え方にいわゆる「災害主義」があります。負傷の労災補償に見られるような「災害的出来事→負傷」といった単純な関係で全てを片付けようとする考え方ともいえるでしょう。

　2000年（平12）7月17日の横浜南労基署長事件の最高裁判決を端緒とする2001年（平13）12月の過労死の認定基準改正は、過労死の認定の考え方を抜本的に改正しました。すなわち、最初の認定基準策定（1961年（昭36）2月）以降40年間続いていた過労死（脳・心臓疾患）の災害主義による認定の考え方を廃止したのです。

　しかしながら、その後の労災補償行政の一般論としては、災害主義が色濃く残っています。その背景の一つとしては、労働基準局補償課の職員の大部分に「労働者保護の志」がなく、労災認定に常に「後ろ向きの姿勢の同調圧力」が強いことがあります。

　こうした社会環境の中で、法律改正を行い複数業務要因災害に関する保険給付を制度化すれば欠陥が生じることが必定でしょう。

　複数業務要因災害に関する保険給付制度に係る法改正の施行通達（2020年（令2）8月21日基発0821第1号）において、従来の考え方が示されており、「従来は、労働者を使用する事業ごとに業務上の負荷を評価しており、仮に単独の事業であれば業務災害と認定し得る業務上の負荷を複数の事業において受けている場合には保険給付が行われず、労働者の稼得能力や遺族の被扶養利益の損失に対する填補が不十分であった。」としています。

　ここで、前記第1章第3節3〔1〕の事例（実例）を思い出してください。

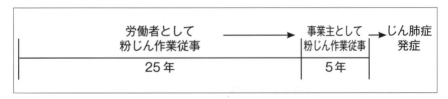

　この事例の労災請求に対し、当初の労働基準監督署長の判断は、最後の粉じん作業が事業主であったので請求人は労働者でないとして不支給とし、審査請求、再審査請求でも同様でした。すなわち、じん肺症発症の原

因を発症直前の事業主としての粉じん作業だけに着目して判断したものです。上記通達抜粋の下線部分とほぼ同様の判断方法です。しかしながら、上図の事例の正しい判断は次のとおりです。
① じん肺症は長年にわたる粉じんばく露の積み重ねによりじん肺症発症に至ったものです。
② 粉じんばく露の就労形態が2つである場合は、従事期間がより長い方がじん肺症発症の主な原因と考えるのが医学常識に照らして適切です。
③ この事例は労働者としての粉じん作業従事期間が十分に長いので業務上です。

副業・兼業のある場合はどのような判断が正しいのかを次の事例で見てみましょう。

例えば、アーク溶接作業は極めて多くの製造業、自動車修理業、機械修理業等で行われており、街なかの労働者数がわずか2～3人の自動車修理工場でも行われています。溶接作業を行う労働者が複数の事業主の下で溶接作業に従事して長い期間にわたればじん肺症（溶接工肺）・じん肺合併症、マンガン中毒に罹患するおそれがあります。これらが実際に発生し、労災請求があった場合は、どのように判断するのでしょうか。

労働者Xには次のような溶接作業歴とじん肺症（溶接工肺）発症の時期があったとします。

労働者災害補償保険法改正の施行通達（2020年（令2）8月21日基発0821第1号）における「従来の考え方…」によれば、複数事業（A・B）のうちの一方の事業における業務のみに着目して判断することになり、この場合には、発病前のB事業主における粉じんばく露期間が短く10年間ではじん肺症（溶接工肺）には至らないとして「業務外」と判断する可能性があります。かつての災害主義の下ではそうなりそうですが、それは間

違いです。

　じん肺に関する医学的研究のうち、量－影響関係（どの程度のばく露量があるとどの程度の影響が現れるか）の研究は極めて少ないのですが、「島正吾（1975）労働環境における有害粉じん、安全工学、67、213-224」という論文では、窯業におけるじん肺の量－影響関係を示しており、およそ10年間の従事により初めてじん肺の所見がエックス線写真により確認できるようになるとされています。この時点では治療を要するようなじん肺症には至っていませんので、労災補償の対象にもなりません。1979年（昭54）年に制定された粉じん障害防止規則により粉じん作業における粉じんばく露防止対策が効果的に進められ、じん肺症の発生数も減少してきているわけですが、上記の論文はその規則の制定前ですから、おそらく粉じんばく露濃度も高かったと推測できます。

　労働者Xの溶接ヒュームばく露によるじん肺症（溶接工肺）は、A事業主とB事業主の双方における粉じんばく露が積み重なってじん肺を進展させ、発症に至るのです。すなわち、複数の事業主の下での双方の溶接作業の合計の粉じんばく露量の大きさや疾病の病像、経過等とともに総合的に業務上外（労災認定の可否）を判断すべきなのです。

　したがって、過労死（過重負荷による脳・心臓疾患）や精神障害だけではなく、複数の事業主の下で同様の有害要因にばく露し、疾病を発症した場合には、双方の原因を総合的に判断すべきであり、このような事例の業務上疾病の種類は有害要因全般に及ぶことになり、いずれも双方の原因を総合評価すべきですので、複数業務要因災害に関する保険給付制度は存在価値がないということになります。

　複数業務要因災害に関する保険給付制度に係る法改正の立案者や施行通達（2020年（令2）8月21日基発0821第1号）の立案者等は、2001年（平13）12月の過労死の認定基準における災害主義からの脱却や1986年（昭61）2月3日基発第51号「粉じんばく露歴に労働者性の認められない期間を含む者に発生したじん肺症等の取扱いについて」の通達の意味を理解していないことになります。

　すなわち、法改正の施行通達（2020年（令2）8月21日基発0821第1号）における「従来の考え方」（災害主義）というのは、2015年（平27）5月7日大阪高裁判決などにおける労災補償制度の目的の誤解、す

なわち同制度の目的は労働災害発生の責任追及にあるとして被災労働者・遺族の保護にあることを取り違えています。このことに加えて、1986年（昭61）通達〜2001年（平13）認定基準通達の時期に、「本来の考え方」に修正されたのですが、国会議員等はもちろん厚生労働省の関係職員が理解できていないのです。また、産業医学や労働法関係の学会や学者先生方は法改正に関連して正しい意見を述べたのでしょうか。

　ちなみに、2005年（平17）頃の厚生労働省の労災認定関係の責任者は、2001年（平13）12月の過労死（脳・心臓疾患）の認定基準抜本改正について「世間の要請に迎合して単に認定の範囲を広げたものに過ぎない」と発言しており、筆者を驚かせました。抜本改正の趣旨・考え方を理解していない発言ということになります。

　実は、前記の1986年（昭61）通達と2001年（平13）認定基準通達は、筆者が直接基本構想を練ったものであり（前者は担当係長の時期、後者は担当室長の時期）、仕上げたのはいずれも筆者の後任者でした。

〔4〕まとめ

　本項目「第4節　複数業務要因災害に関する保険給付の導入の誤り」における重要なポイントをまとめると、次のとおりです。
① 　副業・兼業の促進政策は、労働者保護に明らかに反するので、直ちに撤回すべきです。
② 　労災補償制度は、労働災害を発生させた事業主の責任追及の場ではなく、被災労働者の保護を目的としていることを認識する必要があります。
③ 　労災補償制度は、全国の全事業主の保険料の拠出によるものであり、労働災害を発生させた事業主のみに拠出させるものではないので、制度の全体による労働者保護を図るという考え方の解釈や運用をすべきです。
④ 　労災補償制度は、被災労働者・遺族の損失補填が目的ですので、被災前の生活給の補填を中心に据えて制度設計、立法措置や法令解釈をすべきです。
⑤ 　2020年（令2）の施行通達における「従来の考え方」は、既に「本来の考え方」に修正されていますので、複数業務要因災害に関する保険

給付制度は存在事由がなく、廃止を免れません。

〔5〕代替案

　本来は、労働者災害補償保険法を再度改正し、複数業務要因災害に関する保険給付制度を廃止するのが筋です。

　しかし、2020年（令2）の労働者災害補償保険法の改正による複数業務要因災害の保険給付制度を直ちに改正して廃止することは、朝令暮改的であり、国会や内閣が認めない、という動きが生ずることは容易に推察できます。また、関係職員その他の関係者の中には、筆者が本章で述べたような「災害主義」について深堀りして理解される方は少なく、災害主義が正しいと根拠なく主張される方もおられると推測されます。このようなことから再度の法律改正は簡単には実現しないと思われます。

　そこで、法律改正が実現できるまでの間の暫定的な措置としては、次のような措置を講ずることにより、被災労働者等に実害がでないようにするのがよいと思われます。

　　※「被災労働者の実害」の例としては、前記の図入りで説明しましたアーク溶接作業に従事してじん肺症にかかった事例が該当します。

○　複数業務要因災害に関する保険給付制度を廃止できなくても、事実上運用しない。

　これを実践するためには、当然ながら、法改正の施行通達（2020年（令2）8月21日基発0821第1号）は改正し、複数業務要因災害に関する保険給付制度は事実上運用しない旨を記載する必要があります。通達によって法律を曲げることには抵抗感もあると思われるかも知れませんが、じん肺法、労働安全衛生法の立法ミスについて法律改正をせずに通達で修正した運用を現在も続けている条文があります。

　じん肺法につきましては、1977年（昭52）7月1日法律第76号による大幅な改正をした際の立法ミスです。具体的な箇所は、第4条第2項のじん肺管理区分の定義の条文です。じん肺管理区分は「エックス線写真の像」と「じん肺による著しい肺機能の障害の有無」の組み合わせによって決定される旨を規定していますが、じん肺の合併症（肺結核、結核性胸膜炎、続発性気管支炎、続発性気管支拡張症、続発性気胸及び原発性肺がん）

に罹患しているときは、「じん肺による著しい肺機能の障害の有無」の判定ができないのですが、立法段階ではこのことに気づかずに現行規定のように改正してしまったというものです。判定ができない、というのは、条文では「じん肺による」と記載しており、例えば肺機能検査を行って著しい低下があるという結果が出ても、その原因がじん肺であるのか、合併症であるかの区別が医学的にできないからです。このため、改正法の施行通達、1978年（昭53）4月28日基発第250号「改正じん肺法の施行について」の中に、「合併症にかかっている者は、それにより療養の対象となるものであり、また、じん肺による肺機能障害を合併症によるものと区別して評価することが難しいため、肺機能検査を免除することとしたものであること。この場合においては、従前のじん肺の経過等を参考にしてエックス線写真像の区分により慎重にじん肺管理区分の決定を行うこと。」と記載しています。筆者は、改正じん肺法が国会で成立した直後の1977年（昭52）10月16日から本省労働衛生課のじん肺班の係員でした。

　もう一つの立法ミスは、労働安全衛生法の改正、すなわち2018年（平30）7月6日法律第76号、いわゆる働き方改革関連法による改正におけるものです。新たな第66条の8の2の規定により研究開発業務従事者（労働基準法第36条第11項に規定する者）で、省令で定める時間（月100時間）を超えるものに面接指導の実施を義務づけられました。一般労働者に対する面接指導実施の義務規定であります第66条の8第1項では月80時間を超える者には本人の申出があった場合に面接指導の実施を義務づけていますが、この条文の中で「研究開発業務従事者を除く」という趣旨の条文になっていますので、研究開発業務従事者が月80時間を超える時間外労働をして申出をしても100時間以下であれば面接指導実施義務の対象から外れることになります。この点は立法担当部署の意図とは異なっており、月80時間を超える者には一般労働者と同様に申出を前提に面接指導の実施を義務づける必要がありますので、改正法の施行通達2018年（平30）9月7日基発0907第2号「働き方改革を推進するための関係法律の整備に関する法律による改正後の労働安全衛生法及びじん肺法の施行等について〔労働安全衛生法〕」に、法律には準用する旨の規定がないにもかかわらず「新安衛法66条の8第1項の規定による面接指導の実施方法等に係る規定は、研究開発業務に従事する労働者に対する面

接指導について準用する」と記述しています。これにより研究開発業務に従事する労働者が月 80 時間を超え 100 時間以下の時間外労働をした場合も申出を前提に面接指導の義務があるとされています。

参照文献
1) 石井寛治（1991）日本経済史［第 2 版］、東京大学出版会
2) 長谷川鋠一郎（1956）災害補償法研究　業務災害認定の理論と実際、保健同人社
3) 石井義脩（1985）心因性精神障害の認定事例、労働の科学、40 巻、6 号、15-18
4) 石井義脩（2004）過労死に学ぶ労災認定理論、日本職業・災害医学会誌、第 52 巻、第 3 号、138-141
5) 雨夜真規子（2020 年）副業・兼業労働者に係る給付基礎日額の算定基礎についての検討、日本労働研究雑誌、No.715/Special Issue

第2章　労災認定の在り方

　本章は、労災補償制度が労働者災害補償保険法に基づくものであり、同法がどのような考え方で制定されてきたのか、どのような場合がその制度の対象とされ、対象になるための労災認定はどのような要件が必要とされているのかを明らかにするとともに、これまでに培ってきたその労災認定の経過の中で解決されてきた「労働者性」をはじめとする重要な課題への取組みの結果を紹介して労災認定の在り方を示そうとするものです。なお、「労働者性」とは、被災労働者が労働基準法と労働者災害補償保険法で労災補償の対象となる「労働者」に該当するかどうか、という課題であり、社会の仕組みの変化などによって今後も変化する可能性があるものです。

第1節　労災補償制度の基本

　本節は、労働者災害補償保険法の立法の趣旨をはじめ同法の内容や性格などを明らかにしようとするものです。

1　労働者災害補償保険法の立法趣旨

　村上茂利著「労災補償の基本問題」（1960年）には、1947年（昭22）3月19日に第92回帝国議会に労働者災害補償保険法案が提出された際の厚生大臣の提案理由説明の内容が紹介されています（著書 P.338 ～ 341）[1]。当時は労働省はまだ存在せず、厚生省労政局が後の労働省労働基準局の前身でした。

　提案理由説明の要旨は、業務災害による労働者の負傷、疾病、廃疾、死亡の場合に迅速かつ公正な保護を図るため災害補償の確保と労働者の福祉のために必要な施設（政策の意味）を行い併せて産業の負担を軽減する制度が必要であるとし、法案作成に当たって留意した事項は、次のとおりであるとしています。

① 　災害補償は使用者の恩恵であるという観念を離れて労働者の当然の権利であるという観点に立って、この制度を使用者の責任保険にとどめずに直接労働者の保護を目的とする補償保険の形態をとることとしたこと。
② 　本法の適用にあたり、適用事業を強制適用事業と任意適用事業とに区分し、災害発生率の高い事業については可及的広範にこれを強制適用事業とすることとし、災害率の低い事業についてはいたずらに保険関係の成立を強制することを避けて使用者の意思に任せるよう留意すること。
③ 　この制度は、労働者保護の保険であると同時に、労働基準法で定める使用者の災害補償責任をすべて代行するものであるから、災害防止に関する使用者の注意力を薄めることのないよう使用者に保険料の全部を負担させ、かつ、保険料の決定に際して事業の災害率を考慮することとし

④ 保険給付の公正を期すため、その決定に不服のある場合の行政審判制度の特設及び付属機関としての保険審議会（現在の労働保険審査会）を設置して保険制度の民主的な運営を図ったこと。

今日的な視点から考えると、上記の②は望ましいものではないと思われます。「使用者の意思に任せる」ことは、使用者が平素の保険料負担から逃れるために加入しないことを選択するものが多くなると考えられるからです。使用者は保険加入しなくても労働基準法の義務規定に基づいて補償を実践してくれるという政府による単なる使用者の善玉扱いというより、法案を速やかに成立させるためにとった逃避的な政策論であったのではないかと考えられます。より確実な補償義務の履行を図るためには強制適用とすることが必要であり、少なくとも戦後復興による産業の発展に伴って強制適用事業を段階的に拡大するという政策を表明するべきではなかったかと考えられます。

2　労災補償の法的義務

村上茂利著「労災補償の基本問題」（1960年）は、工場法第15条の工場主の扶助義務の本質は、扶養義務に類する法律上の扶助義務と解するのが至当であり、不法行為に基づく賠償責任に類する損害賠償の責任を負わしめたものではないという考え方を紹介しています。[1]

> ※この文献は、雉本朗造（きじもとときぞう）(1916)工場主の扶助義務－工場法第15条の研究－、京都法学会雑誌、第11巻、第3号を引用したもの（文献[1] P.106）

村上茂利著「労災補償の基本問題」（1960年）の中で、上記と異なる考え方として、工場法第15条の規定は「民法第709条ニ所謂損害賠償ノ義務トハ全ク別個ノモノニシテ、工場法ナル特別法ニ依ル独立ノ根拠ニ基キテ発生スル独立ノ債務ナリ」とする形式上の見地からの考え方によるものであり、「一ツノ損害賠償法ニシテ民法第709条ノ例外規定タル特別法ニ外ナラス」とする実質上の見地からの考え方ではないことという岡實

(1917) の記述[2]を紹介しています。[1]

　岡実は、扶助義務は私法上の義務であり、工場法という特別法を独立の根拠とする独立の（民法の損害賠償とは全く別箇の）損害賠償義務であるとする考え方である（著書P.174）。そして扶助と民法上の損害賠償の違いを次のように示しています（著書P.112）。[1]

工場法令ニ依ル扶助債権	民法第709条ニ依ル損害賠償債権
①　工場主ニ故意又ハ過失アルコトヲ要セズ	①　工場主ニ故意又ハ過失アルコトヲ要ス
②　権利侵害アルコトヲ要セズ	②　権利侵害アルコトヲ要ス
③　損害アルコトヲ要ス	③　損害アルコトヲ要ス
④　職工ニ過失アルモ扶助金ヲ減セルルコトナシ但シ重大ナル過失アルトキハ扶助を受ケサルコトアリ	④　過失アルトキハ賠償金額ヲ減セルルコトアリ
⑤　工場主ノ使用人ノ行為ニ対シテモ請求シ得	⑤　工場主ノ使用人ノ行為ニ対シテハ工場主カ其ノ選任監督ニ対シ相当ノ注意ヲ為シタル時ハ請求権ナシ
⑥　金額カ施行令（第5条乃至第9条第14条第16条第19条）ニ依リ制限セラル	⑥　金額ハ予メ制限セラルルコトナシ（特約アル場合ヲ除ク）
⑦　請求権カ短期間ニ依リ消滅スルコトアリ（令第15条）	⑦　請求権ハ民法第724条ノ時効ニ依リ消滅ス

　村上茂利著「労災補償の基本問題」においては、上記のような経過を説明したうえ、さらに労働基準法第84条第2項「使用者は、この法律による補償を行った場合においては、同一の事由について、その価額の限度において民法による損害賠償の責を免れる。」の規定に言及したうえ、労働基準法による災害補償の法的性格を、いわゆる無過失損害賠償責任論を契機として成立した一種の損害賠償として考えていることは明白であるとしています[1] 著書P.177）。

　法務省訟務局内労災訴訟実務研究会編「新・労災訴訟の実務解説」（1998年）は、「労災保険制度の趣旨」という項目の中で、次のように記述して

います。[3]

　労働災害についても、被災労働者又は遺族は、その損害について使用者に賠償責任（不法行為責任）がある場合には、使用者に民事損害賠償を請求できることはいうまでもない。しかし、過失責任主義に基づく不法行為制度の下では、被災者である労働者やその遺族が、使用者の故意、過失の存在を立証する必要があり、被災者側にも過失があれば過失相殺によって賠償額が減額され、また、訴訟遂行には、一般的にいって、多くの費用や労力が必要とされるために、民法上の損害賠償制度によってその被害の回復を図ることは、困難なことが少なくない。労災補償制度は、こうした民事上の損害賠償制度による損害回復の困難性を克服し、労働者の保護を図るために、立法化されたものである。

　上記以外の見解も多数あると考えられますが、岡実の著述には、立証責任についての言及がないとともに、岡実の執筆時点では保険の手法がなかったのです。

　したがって、労働基準法の補償義務は労働者災害補償保険法との組み合わせにより、被災労働者又はその遺族の立証責任を軽減し、民事上の損害賠償制度による損害回復の困難性を回避して労働者の保護を図ることにしたと考えられます。

3　無過失責任賠償

　長谷川銈一郎著書「災害補償法研究」[4] では、損害賠償における過失責任主義から、客観責任あるいは業務危険主義に発展し、無過失責任賠償の理論が19世紀末期にはヨーロッパ諸国に逐次法制化されながら発達してきましたが、世界全般にわたってこの理論が国際的に確立されたのは、第7回国際労働会議（1925年）において災害補償に関する条約案及び勧告案が採択された時であると見られるとしています（著書P.46）。

　日本においては、戦前の災害補償は、「救恤（きゅうじゅつ）」、「扶助」等の義務であってその程度も諸外国に比較してはなはだ低く、また、扶助というのが労働者に対する恩恵的あるいは救済的な施策と考えられており、事業主等の無

過失責任賠償の義務ではなかったのです。

終戦後の1947年（昭22）に労働基準法と労働者災害補償保険法が制定されるに及んで、適用対象の拡大、補償水準の大幅な引き上げが行われるとともに、業務上の災害に対する事業主の無過失補償責任の理念がここに確立されるに至ったとされています。

なお、労働基準法、労働者災害補償保険法の条文中には無過失責任賠償の規定はありませんが、両法の補償義務の条件である「業務上」が成立すれば、無過失責任賠償が含まれていると理解されます。

第2節　労災補償の対象となる事由

本節は、労働災害に対する災害補償がどの範囲の損害までが対象になるのか、どのような保険給付がなされるのか、また、業務上の疾病についてはどのような範囲が災害補償の対象になるのかなどを説明します。

1　保険給付の対象

労働災害が生じた場合の労働基準法及び労働者災害補償保険法による災害補償は、損害の全てを補償するものではなく、民法によって請求できる慰謝料、将来にわたる稼得能力の補償などの損害賠償は含まれていません。補償の範囲は、労働基準法による労働能力ないしは稼得能力の一部を補填するという最低基準がベースになっています。例えば、休業補償であれば、平均賃金の6割です（労働基準法第76条）。

労働者災害補償保険法第12条の8第1項には、労働者の業務上の負傷、疾病、障害又は死亡（以下「業務災害」という。）に関する保険給付として療養補償給付、休業補償給付、障害補償給付、遺族補償給付、葬祭料、傷病補償年金、介護補償給付を掲げています。そして、第12条の8第2項には、「前項の保険給付（傷病補償年金及び介護補償給付を除く。）は、

労働基準法第75条から第77条まで、第79条及び第80条に規定する災害補償の事由又は船員法（昭和22年法律第100号）第89条第1項、第91条第1項、第92条本文、第93条及び第94条に規定する災害補償の事由（同法第91条第1項にあっては、労働基準法第76条第1項に規定する災害補償の事由に相当する部分に限る。）が生じた場合に、補償を受けるべき労働者若しくは遺族又は葬祭を行う者に対し、その請求に基づいて行う。」と規定し、労働基準法には、負傷、疾病（第75条）、障害（第77条）及び死亡（第79条）が規定されています。長い条文ですので、まとめると次のとおりです。

- 業務災害…労働者の業務上の負傷、疾病、障害又は死亡
- 業務災害に関する保険給付…療養補償給付、休業補償給付、障害補償給付、遺族補償給付、葬祭料、傷病補償年金、介護補償給付
- 保険給付を請求する者…被災労働者、遺族、葬祭を行う者
- 保険給付を受け取る者…上記の請求した者

「負傷」は医学用語ではなく「損傷」に相当する概念であり、「損傷」とは外力によって正常な組織の連続性が断たれた状態をいうものとされています。[5] 平易にいうと、骨折、打撲、創傷などを指します。なお、損傷にとどまらず、損傷に引き続いて疾病に至るものは、後述の業務上疾病の一つであります「業務上の負傷に起因する疾病」（現行の労働基準法施行規則別表第一の二第1号）に該当することになります。

「業務上の疾病」は、しばしば単に「業務上疾病」といいます。類似の一般用語として「職業病」、「職業性疾病」等がありますが、これらは労働法令では用いておらず、定義も明確ではありません。これに対し、「業務上疾病」は労働基準法施行規則別表第一の二（これに基づく告示を含む。）に掲げる疾病として定義が明確です。

業務上疾病の分類は同規則になされていますが、原因別に平易に分類すると次の表の左欄のとおりです。

表 業務上疾病の分類

原因別の平易な分類	労働基準法施行規則別表第一の二の分類
1 負傷に起因する疾病	一 業務上の負傷に起因する疾病
2 物理的因子による疾病	二 物理的因子による疾病 七の 15 電離放射線によるがん
3 化学的因子による疾病	四 化学物質等による疾病（職業がんを除く。） 五 じん肺症及びその合併症 七 職業がん（七の 15 を除く。）
4 生物的因子による疾病	六 病原体による疾病
5 作業態様による疾病	三 作業態様による疾病 八 過労死（過重負荷による脳・心臓疾患）
6 心理的要因による疾病	九 精神障害

「障害」とは、負傷又は疾病が治った場合に身体に障害があることをいうと定義されています（労働基準法第 77 条）。「治った場合」とは、傷病が全治した場合ではなく、傷病の状態が安定した状態をいいます。すなわち、負傷については創面がゆ着し、その症状が安定し、それ以上の医療効果が期待し得ない状態になった場合、疾病については急性症状が消退し、慢性症状が残存していてもその症状が安定し、それ以上の医療効果が期待し得ない状態になった場合をいうものです。[6]

2 業務上疾病

〔1〕労働基準法施行規則別表第一の二（業務上疾病リスト）とその意義

疾病については、負傷の場合と異なり、業務起因性の判断が困難であるものが少なくありません。それは、化学物質などの要因へのばく露の程度が少ないものでも中毒の発生に至ることがあったり、ばく露から長時間を経て発病に至ることがあったりするからです。

このため、どのような要因によりどのような疾病が生ずるのかを法令で明らかにする必要があります。これを業務上疾病リストと呼ぶことがあります。わが国では、工場法の施行時（1916 年（大 5））に通牒（通達

により示されるようになり、現在は労働基準法施行規則別表第一の二及び告示により示されています。その内容は、後掲のとおりです。

業務上疾病リストは、どのような疾病が労災補償の対象になるのかを示すものであり、被災労働者や死亡した場合にはその遺族にもこれを知らしめ、労災請求を促すものとしなければなりません。

労働基準法施行規則別表第一の二は、第1号〜第11号の大分類とそのうちの5つの大分類には小分類を置く形で構成され、この表とは別に第4号の1に基づく産業中毒の告示と第10号に基づく告示があります。

小分類のある大分類ごとにその末尾に「その他」の規定として第2号13、第3号5、第4号9、第6号5、第7号23が置かれており、さらに、大分類の第11号に全体の「その他」が置かれています。これらの「その他」の規定を「包括規定」ということがあります。

これらの構成により、業務上疾病リスト全体としては例示列挙方式になっています。

例示列挙方式は、1916年（大5）の通牒（通達）による当初の業務上疾病リストから採用されているものであり、わが国においては、およそ業務に起因することが認められる疾病は全て労災補償の対象となることが示されているものです。

なお、業務起因性の認められる過労死（過重負荷による脳・心臓疾患）と精神障害は、2010年（平22）厚生労働省令第69号による改正で労働基準法施行規則別表第一の二の大分類の第8号と第9号として追加して明記されたものであり、それ以前は全体の包括規定「その他業務に起因することの明らかな疾病」に該当する事例として認定されてきたものです。

また、新たな業務上疾病は今後も発生することが見込まれるとともに、医学の進展、裁判例の積重ね等により業務上疾病リストに追加すべき疾病も生ずると考えられますので、時期を逃さず法令改正を行って整備する必要があります。

1978年（昭53）3月に業務上疾病リストがほぼ現在の形に抜本改正された際の同月9日の中央労働基準審議会及び労働者災害補償保険審議会の答申に基づき、「労働基準法施行規則第35条定期検討のための専門委員会」が設置され（同年12月1日）、特定のテーマについて頻回の検討や毎年1回の定期的な検討が行われていました。21世紀に入ったころ以

降、名称も「労働基準法施行規則第35条専門検討会」と改められ、開催頻度も厚生労働省の担当部署が必要と認めたときだけの開催になっています。当初の意図である「定期的な検討」ではなくなりました。それでも前記の2010年（平22）の改正をきっかけとして、また、新たな職業がんが相次いで発生したりしたことから、比較的多く開催されています。今後も当該検討会による継続的な検討が必要です。

〔2〕業務上疾病リストの内容

業務上疾病を定める規定の具体的な内容は、次のとおりです。

労働基準法施行規則別表第一の二
一　業務上の負傷に起因する疾病
二　物理的因子による次に掲げる疾病
1　紫外線にさらされる業務による前眼部疾患又は皮膚疾患
2　赤外線にさらされる業務による網膜火傷、白内障等の眼疾患又は皮膚疾患
3　レーザー光線にさらされる業務による網膜火傷等の眼疾患又は皮膚疾患
4　マイクロ波にさらされる業務による白内障等の眼疾患
5　電離放射線にさらされる業務による急性放射線症、皮膚潰瘍（かいよう）等の放射線皮膚障害、白内障等の放射線眼疾患、放射線肺炎、再生不良性貧血等の造血器障害、骨壊死その他の放射線障害
6　高圧室内作業又は潜水作業に係る業務による潜函（かん）病又は潜水病
7　気圧の低い場所における業務による高山病又は航空減圧症
8　暑熱な場所における業務による熱中症
9　高熱物体を取り扱う業務による熱傷
10　寒冷な場所における業務又は低温物体を取り扱う業務による凍傷
11　著しい騒音を発する場所における業務による難聴等の耳の疾患
12　超音波にさらされる業務による手指等の組織壊（え）死
13　1から12までに掲げるもののほか、これらの疾病に付随する疾病そ

の他物理的因子にさらされる業務に起因することの明らかな疾病
三　身体に過度の負担のかかる作業態様に起因する次に掲げる疾病
  1　重激な業務による筋肉、腱、骨若しくは関節の疾患又は内臓脱
  2　重量物を取り扱う業務、腰部に過度の負担を与える不自然な作業姿勢により行う業務その他腰部に過度の負担のかかる業務による腰痛
  3　さく岩機、鋲打ち機、チェーンソー等の機械器具の使用により身体に振動を与える業務による手指、前腕等の末梢循環障害、末梢神経障害又は運動器障害
  4　電子計算機への入力を反復して行う業務その他上肢に過度の負担のかかる業務による後頭部、頸部、肩甲帯、上腕、前腕又は手指の運動器障害
  5　1から4までに掲げるもののほか、これらの疾病に付随する疾病その他身体に過度の負担のかかる作業態様の業務に起因することの明らかな疾病
四　化学物質等による次に掲げる疾病
  1　厚生労働大臣の指定する単体たる化学物質及び化合物（合金を含む。）にさらされる業務による疾病であって、厚生労働大臣が定めるもの
  2　弗素樹脂、塩化ビニル樹脂、アクリル樹脂等の合成樹脂の熱分解生成物にさらされる業務による眼粘膜の炎症又は気道粘膜の炎症等の呼吸器疾患
  3　すす、鉱物油、うるし、テレビン油、タール、セメント、アミン系の樹脂硬化剤等にさらされる業務による皮膚疾患
  4　蛋白分解酵素にさらされる業務による皮膚炎、結膜炎又は鼻炎、気管支喘息等の呼吸器疾患
  5　木材の粉じん、獣毛のじんあい等を飛散する場所における業務又は抗生物質等にさらされる業務によるアレルギー性の鼻炎、気管支喘息等の呼吸器疾患
  6　落綿等の粉じんを飛散する場所における業務による呼吸器疾患
  7　石綿にさらされる業務による良性石綿胸水又はびまん性胸膜肥厚
  8　空気中の酸素濃度の低い場所における業務による酸素欠乏症
  9　1から8までに掲げるもののほか、これらの疾病に付随する疾病その他化学物質等にさらされる業務に起因することの明らかな疾病

五　粉じんを飛散する場所における業務によるじん肺症又はじん肺法（昭和35年法律第30号）に規定するじん肺と合併したじん肺法施行規則（昭和35年労働省令第6号）第1条各号に掲げる疾病
※　じん肺と合併した疾病…じん肺合併症：肺結核、結核性胸膜炎、続発性気管支炎、続発性気管支拡張症、続発性気胸、原発性肺がん
六　細菌、ウイルス等の病原体による次に掲げる疾病
　1　患者の診療若しくは看護の業務、介護の業務又は研究その他の目的で病原体を取り扱う業務による伝染性疾患
　2　動物若しくはその死体、獣毛、革その他動物性の物又はぼろ等の古物を取り扱う業務によるブルセラ症、炭疽病等の伝染性疾患
　3　湿潤地における業務によるワイル病等のレプトスピラ症
　4　屋外における業務による恙虫病
　5　1から4までに掲げるもののほか、これらの疾病に付随する疾病その他細菌、ウイルス等の病原体にさらされる業務に起因することの明らかな疾病
七　がん原性物質若しくはがん原性因子又はがん原性工程における業務による次に掲げる疾病
　1　ベンジジンにさらされる業務による尿路系腫瘍
　2　ベータ―ナフチルアミンにさらされる業務による尿路系腫瘍
　3　四―アミノジフェニルにさらされる業務による尿路系腫瘍
　4　四―ニトロジフェニルにさらされる業務による尿路系腫瘍
　5　ビス（クロロメチル）エーテルにさらされる業務による肺がん
　6　ベリリウムにさらされる業務による肺がん
　7　ベンゾトリクロライドにさらされる業務による肺がん
　8　石綿にさらされる業務による肺がん又は中皮腫
　9　ベンゼンにさらされる業務による白血病
　10　塩化ビニルにさらされる業務による肝血管肉腫又は肝細胞がん
　11　三・三′―ジクロロ―四・四′―ジアミノジフェニルメタンにさらされる業務による尿路系腫瘍
　12　オルト―トルイジンにさらされる業務による膀胱がん
　13　一・二―ジクロロプロパンにさらされる業務による胆管がん
　14　ジクロロメタンにさらされる業務による胆管がん

15 電離放射線にさらされる業務による白血病、肺がん、皮膚がん、骨肉腫、甲状腺がん、多発性骨髄腫又は非ホジキンリンパ腫

16 オーラミンを製造する工程における業務による尿路系腫瘍

17 マゼンタを製造する工程における業務による尿路系腫瘍

18 コークス又は発生炉ガスを製造する工程における業務による肺がん

19 クロム酸塩又は重クロム酸塩を製造する工程における業務による肺がん又は上気道のがん

20 ニッケルの製錬又は精錬を行う工程における業務による肺がん又は上気道のがん

21 砒素を含有する鉱石を原料として金属の製錬若しくは精錬を行う工程又は無機砒素化合物を製造する工程における業務による肺がん又は皮膚がん

22 すす、鉱物油、タール、ピッチ、アスファルト又はパラフィンにさらされる業務による皮膚がん

23 1から22までに掲げるもののほか、これらの疾病に付随する疾病その他がん原性物質若しくはがん原性因子にさらされる業務又はがん原性工程における業務に起因することの明らかな疾病

八 長期間にわたる長時間の業務その他血管病変等を著しく増悪させる業務による脳出血、くも膜下出血、脳梗塞、高血圧性脳症、心筋梗塞、狭心症、心停止（心臓性突然死を含む。）、重篤な心不全若しくは大動脈瘤解離又はこれらの疾病に付随する疾病

九 人の生命にかかわる事故への遭遇その他心理的に過度の負担を与える事象を伴う業務による精神及び行動の障害又はこれに付随する疾病

十 前各号に掲げるもののほか、厚生労働大臣の指定する疾病

十一 その他業務に起因することの明らかな疾病

> 労働基準法施行規則別表第一の二第10号の規定に基づく
> 厚生労働大臣の指定する疾病（昭和56年2月2日労働省告示第7号）
>
> 一　超硬合金の粉じんを飛散する場所における業務による気管支肺疾患
> 二　亜鉛黄又は黄鉛を製造する工程における業務による肺がん
> 三　ジアニシジンにさらされる業務による尿路系腫瘍

> 労働基準法施行規則別表第一の二第4号の規定に基づく厚生労働大臣が指定する
> 単体たる化学物質及び化合物（合金を含む。）並びに厚生労働大臣が定める疾病
> 　　　　　　　　　　　　　　　　　　　（平成25年9月30日厚生労働省告示第316号）
>
> 　労働基準法施行規則別表第一の二第4号1の厚生労働大臣が指定する単体たる化学物質及び化合物（合金を含む。）は、次の表の上欄に掲げる化学物質とし、同号1の厚生労働大臣が定める疾病は、同欄に掲げる化学物質に応じ、それぞれ同表の下欄に定める症状又は障害を主たる症状又は障害とする疾病とする。
> 　（表は略）

　業務上疾病リストは、上記のとおり、労働基準法施行規則別表第一の二に第1号から第11号までの11の大分類があり、第2号、第3号、第4号、第6号、第7号には小分類があります。その内容について通達で説明されており、その概要は次のとおりです（1978年（昭53）3月30日基発第186号ほか）。
　ア　第1号の「業務上の負傷に起因する疾病」とは、業務上の負傷が原因となって第一次的に発生した疾病（以下「原疾患」といいます。）のほか、原疾患に引き続いて発生した続発性の疾病その他原疾患との間に相当因果関係の認められる疾病をいいます。
　　本規定に該当する疾病には、以下のものが含まれます。
　（イ）業務上の頭部又は顔面部の負傷による慢性硬膜下血腫、外傷性

遅発性脳卒中、外傷性てんかん等の頭蓋内疾患
　（ロ）　業務上の脳、脊髄及び末梢神経等神経系の負傷による皮膚、筋肉、骨及び胸腹部臓器等の疾患
　（ハ）　業務上の胸部又は腹部の負傷による胸膜炎、心膜炎、ヘルニア（横隔膜ヘルニア、腹壁瘢痕ヘルニア等）等の胸腹部臓器の疾患
　（ニ）　業務上の脊柱又は四肢の負傷による関節症、腰痛（いわゆる「災害性腰痛」）等の非感染性疾患
　（ホ）　業務上の皮膚等の負傷による破傷風等の細菌感染症（蜂窩織炎もこれに該当します。）
　（ヘ）　業務上の負傷又は異物の侵入・残留による眼疾患その他の臓器、組織の疾患
　（ト）　その他業務上の負傷に起因することの明らかな疾病。ハチやマムシ等による刺傷又は咬傷から体内に侵入した毒素による疾病もこれに該当します。
イ　第2号の「物理的因子による疾病」は、電離放射線以外の有害光線（マイクロ波を含む。）、電離放射線、異常気圧、異常温度条件、騒音、超音波その他の物理的因子による疾病を掲げたものです。なお、第1号の業務上の負傷に起因する疾病、第3号の身体に過度の負担のかかる作業態様に起因する疾病及び第7号の「職業がん」のうち物理的因子によるものは、この号から除かれます。
ウ　第3号の「身体に過度の負担のかかる作業態様に起因する疾病」は使用する機械器具又は取り扱う物とこれに関連した作業密度、作業姿勢、身体局所に加わる負荷等いわゆる「人間-機械（物）系」から生ずる有害因子による疾病を掲げたものです。
エ　第4号の「化学物質等による疾病」は、主として化学物質（単体、化合物（合金を含む。）及び混合物をいう。）の化学的性質に基づく有害作用に起因する疾病を掲げたものです。なお、「化学物質等」の「等」には酸素欠乏が含まれる趣旨です。また、化学物質等による疾病であっても第7号に掲げる「職業がん」については、同号に別掲してあるので、第4号の疾病からは除かれます。
オ　第5号の「粉じんを飛散する場所における業務によるじん肺症又はじん肺法（昭和35年法律第30号）に規定するじん肺と合併したじ

ん肺法施行規則（昭和35年労働省令第6号）第1条各号に掲げる疾病」は、粉じんの吸入に起因するじん肺症及びじん肺との合併症をいうものです。

※ 「じん肺症」とは、じん肺が進展して療養が必要なレベルに達したものをいいます（じん肺管理区分が管理4と決定されたものに限りません。）。

※ じん肺の合併症は、エックス線撮影検査によりじん肺の所見が認められる者に生じた肺結核、結核性胸膜炎、続発性気管支炎、続発性気管支拡張症、続発性気胸、原発性肺がんをいいます。

カ 第6号の「細菌、ウイルス等の病原体による疾病」は、病原体すなわち細菌、ウイルス、リケッチア、原虫及び寄生虫に起因する伝染性疾患等の疾病を掲げたものです。

キ 第7号の「がん原性物質若しくはがん原性因子又はがん原性工程における業務による疾病」は、発がん性を有する化学物質若しくは電離放射線又は発がんの危険のある工程に起因するいわゆる「がん」と総称される疾病、すなわち、いわゆる「職業がん」が規定されたものです。

なお、業務上の火傷を負った後長期間を経て当該部位に皮膚がんが生ずることがあり、このような皮膚がんは第1号に該当します。

また、じん肺に合併する原発性肺がんは第5号に該当します。

さらに、C型肝炎に罹患した後長期間を経て発症した肝臓がんは第6号に該当します。

ク 第8号の「長期間にわたる長時間の業務その他血管病変等を著しく増悪させる業務による脳出血、くも膜下出血、脳梗塞、高血圧性脳症、心筋梗塞、狭心症、心停止（心臓性突然死を含む。）、重篤な心不全若しくは大動脈解離又はこれらの疾病に付随する疾病」は、過労死（過重負荷による脳・心臓疾患）が規定されたものです。

ケ 第9号の「人の生命にかかわる事故への遭遇その他心理的に過度の負担を与える事象を伴う業務による精神及び行動の障害又はこれに付随する疾病」は、強い心理的負荷による精神障害が規定されたものです。

なお、いわゆる「心身症」は強い心理的負荷により消化性潰瘍その他身体の種々の部位に身体症状が現れる疾患であり、現時点ではその発症のメカニズムは必ずしも明らかではないことから業務上疾病とし

て確立したものとはできないという意味で第11号に該当するという理解が適当であると考えられます。このような心身症の労災認定事例には、サに掲げるものがあります。また、第9号の条文は表面的には「心身症」も含まれると読めるので、上記の趣旨を明確にするためには、第9号の条文の末尾に（心身症を除く。）という趣旨の文言を付記するのが適当であると考えられます。

コ 第10号の「前各号に掲げるもののほか、厚生労働大臣の指定する疾病」は、告示により追加する業務上疾病が規定されたものです。前記のとおり、1981年（昭56）告示第7号により3種類の業務上疾病が規定されています。

サ 第11号の「その他業務に起因することの明らかな疾病」は、第1号から第10号に掲げられている疾病以外に業務に起因したものと認められる疾病が発生した場合にはこれに該当するものです。

具体的な例としては、過労死（脳・心臓疾患）の認定基準の対象疾病以外の体循環系の各動脈の閉塞又は解離があり得ます（2021年（令3）9月14日基発0914第1号。）。

また、心身症に係る労災認定事例には、次のものがあります。このうち①及び②は、「その他」の包括規定の労災認定事例として本省に報告されたものを筆者が記憶しているものです。

① 1979年（昭54）1月26日に三菱銀行北畠支店（大阪市住吉区）に猟銃を持った男が押し入り、客と行員30人以上を人質として立てこもり、警察官2名、支店長と行員、計4名を射殺しました。1月28日に警察による犯人射殺で解決。3日間人質とされた社員のうち20数人は消化性潰瘍（心身症）となり、労災認定されました。

② 上記①の頃、ハイジャック犯に乗っとられた航空機の乗務員2人が人質となり、複数日監禁された後解決しましたが、2人とも消化性潰瘍となり、労災認定されました。

③ 2004年（平16）9月7日の最高裁判決により、海外出張によるストレスで生じた十二指腸潰瘍が業務上とされました。

労働者Aは、1984年（昭59）3月からG社に営業員として勤務し、海外の顧客との通信文書作成、製造業者との価格等の交渉、新製品の探索、海外代理店への指示等の業務に従事していました。

G社の所定労働時間は7時間30分で、1年間に4回程度海外出張があり、本件疾病発生前1年間の時間外労働時間は月18時間程度で、出張のない月にはほとんど時間外労働はなく、本件出張以前2か月間は時間外労働、休日労働とも全くありませんでした。
　労働者Aは、1989年（平元）年11月20日から24日まで国内出張を命じられ、同月26日から12月9日まで12日間、韓国、台湾、シンガポール、マレーシア、タイ、香港に外国人社長らに随行して出張し、商談等に従事しました（その間の1日当たり労働時間13.1時間、時間外労働62時間）が、同月7日香港に移動中、腹痛を起こし、救急車で病院に搬送され、十二指腸潰瘍の手術を受け、1990年（平2）初めに退院しました。なお、労働者Aは、昭和44年と55年に十二指腸潰瘍に罹患、同63年にも治療を受けましたが、以後、本件疾病発症に至るまで通院せず、薬も服用していませんでした。
　労働者Aは、労災請求に対する神戸東労基署長の不支給決定の取消を求めて提訴しましたが、第一審、第二審とも棄却（業務外）の判決を受け、上告しました。2004年（平16）9月7日、最高裁は、12日間の海外出張について、英国人顧客に同行し、14日間に6つの国と地域を回る過密な日程の下に、12日間にわたり、休日もなく、連日長時間の勤務を続けたというものでありましたから、これにより上告人には通常の勤務状況に照らして異例に強い精神的及び肉体的な負担がかかっていたものと考えられ、本件疾病は、上告人の有していた基礎疾患等が本件各出張という特に過重な業務の遂行によりその自然の経過を超えて急激に悪化したことによって発症したものとみるのが相当であり、上告人の業務の遂行と本件疾病の発症との間に相当因果関係の存在を肯定することができ、本件疾病は労働者災害補償保険法にいう業務上の疾病に当たると判示しました。
④　富山市の電気設備工事会社に勤める労働者B（62歳）は、1988年（昭63）から技術者として勤務し、2020年8月の定年後も再雇用されて勤務しました。放送局の電気設備工事の現場責任者を務めましたが、2021年12月に自宅で倒れ、病院に搬送されましたが死亡しました。時間外労働は、死亡直前の1か月が122時間、

その前の1か月間は133時間であり、長時間労働やストレスで胃潰瘍を発症したとして、2023年5月に労災認定されました。この事例は、業務上疾病を定める労働基準法施行規則別表第一の二第11号「その他業務によることの明らかな疾病」に該当するものとされました（2023年（令5）6月4日朝日新聞ほか）。

第3節　業務上の認定

　本節は、労災補償制度において補償の対象として認められる業務上の認定の意味、すなわち認定の要件を明らかにし、それをどのような考え方で立証するのかについて説明します。

1　「業務上」とは

　労災認定（支給・不支給の決定）は、労災請求のあった事例について労働基準法第75条等と労働者災害補償保険法第7条第1項等に定める「業務上」に該当するか否かについて検討のうえ、労働基準監督署長が行うものです。

労働基準法の「業務上」を示す条文の例
第75条第1項 　労働者が業務上負傷し、又は疾病にかかった場合においては、使用者は、その費用で必要な療養を行い、又は必要な療養の費用を負担しなければならない。
労働者災害補償保険法の「業務上」を示す条文の例
第7条第1項

> この法律による保険給付は、次に掲げる保険給付とする。
> 一　労働者の業務上の負傷、疾病、障害又は死亡（以下「業務災害」という。）に関する保険給付
> 二～四　（略）

　労働者災害補償保険法第7条第1項第1号に「労働者の業務上の負傷、疾病、障害又は死亡」と記載し、労働基準法第75条第1項に「労働者が業務上負傷し、又は疾病にかかった場合においては、使用者は、その費用で必要な療養を行い、又は必要な療養の費用を負担しなければならない。」と記載しており、これらにいう「業務上」は、労働者災害補償保険法第12条の8第2項に「前項の保険給付（傷病補償年金及び介護補償給付を除く。）は、労働基準法第75条から第77条まで、第79条及び第80条に規定する災害補償の事由又は船員法（昭和22年法律第100号）第89条第1項、第91条第1項、第92条本文、第93条及び第94条に規定する災害補償の事由（同法第91条第1項にあつては、労働基準法第76条第1項に規定する災害補償の事由に相当する部分に限る。）が生じた場合に、補償を受けるべき労働者若しくは遺族又は葬祭を行う者に対し、その請求に基づいて行う。」との規定からも明らかなように、まったく同一のものです。

　「業務上」の意味については、法令・通達等で示されておらず、上記法律の解釈の問題となります。また、判例等においても、後に述べるように抽象的な説明にとどまっており、他の具体的な事例にすぐに活用できるような説明はありません。

　さらに、「業務上」の判断を行う場合に、他の原因も競合している場合はどのように考えるか、過労死（過重業務による脳・心臓疾患）の事例における「過重な業務」や精神障害の事例における「強い心理的負荷」とは何を基準として考えるか、など業務上疾病の種類に応じて種々の検討事項があります。

　そこで「業務上」の意味が重要になりますが、法令・通達では「業務上」の定義は示されておらず、この解釈についても種々の見解があるようですが、本書は学術書ではなく、一般国民の理解を促進し、併せて具体的な労

災認定に関する実務に役立つようにするため、これらの種々の見解のそれぞれの紹介は割愛し、複数の解釈の中でも「相当因果関係説」が最も有力なものであり、認定実務もこの説に基づいており、判例上も定着しているといえますので、この「相当因果関係説」について説明します。

「業務上」とは、業務と傷病等との間に相当因果関係、すなわち、業務と傷病等との間に条件関係があることを前提としつつ、両者の間に法的にみて労災補償を認めるのを相当とする関係をいうものとされています。

なお、「業務上」の中の「業務」とは、当該事業の運営に係る業務であって、当該労働者が従事するものをいいます。[5]

〔1〕条件関係 [7]

条件関係とは、一般に、先行事実と後行結果との間における「あれなければこれなし」という関係をいいます。

相当因果関係は価値評価の問題ですが、条件関係はその前提となる事実の問題であり、その判断は、事実認定の領域の事柄です。そして、業務と傷病等の間の因果関係が認められるためには、少なくとも、まず、この条件関係がなければなりません。したがって、業務と傷病等との間にこのような条件関係すらない場合には、相当因果関係が認められる余地はありません。

条件関係を肯定するために、どの程度の立証が必要かについて、いわゆる東大ルンバール事件に関する1975年（昭50）10月24日最高裁第二小法廷判決（民集29巻9号1417頁、訟月21巻11号297頁、判時792号3頁）は、一般論として、

「訴訟上の因果関係の立証は、一点の疑義も許されない自然科学的証明ではなく、経験則に照らして全証拠を総合検討し、特定の事実が特定の結果発生を招来した関係を是認しうる高度の蓋然性を証明することであり、その判定は、通常人が疑を差し挟まない程度に真実性の確信を持ちうるものであることを必要とし、かつ、それで足りるものである。」
と判示しています（判決の詳細は本節後記2の〔1〕を参照）。

ここでいう高度の蓋然性の証明は、経験則による判断ではありますが、自然科学的証明と無関係のものではありません。条件関係の証明の有無は、

まず、科学的・医学的確証が得られるか否かにより判断されるべきであり、この確証が得られない場合に、科学的・医学的経験則と矛盾しない、確証と境界を接する高度の蓋然性の程度の証明が得られるか否かが問題となるのです。

例えば、炎天下の屋外で業務に従事していた労働者が倒れて死亡した場合、死因究明のための解剖が遺族の希望でなされないことがあります。死因不明であることをもって業務起因性が否定されるものではなく、当該労働者に関する健康診断結果、既往歴・現病歴、同僚・家族等からの聴取りによる当日の健康状態・業務の内容、当日の温湿度等の天候その他多くの情報が得られますので、これらを総合的に評価して死因の推定を含めた業務上であるか否かの判断を行わなければなりません。

労働省労働基準局編著（1997）「労災保険 業務災害及び通勤災害認定の理論と実際（上巻）」[5)]では「条件関係」と同義である「業務遂行性」という用語を用いて主として負傷に関する考え方を次のように述べています。

業務遂行性とは、労働者が「労働関係のもとにあること」、すなわち「労働契約に基づき事業主の支配下にあること」をいいます。したがって、業務に従事している場合はもちろん、業務に従事していなくても、なお、事業主が指揮監督をなし得る余地があり、その限りで事業主の支配下にある場合（休憩時間中など）には、業務遂行性があります。いずれの場合も、事業主の管理下（施設管理下にあることをいいます。）にあるのが通常ですが、事業主の管理下になくても業務に従事し、又は事業主の支配下にある場合（例えば出張中）には、業務遂行性があります。しかし、事業主の管理下にあっても事業主の支配下にない場合（例えば、休日に事業場構内を散策中、事業場構内における労働組合の大会に出席中）には業務遂行性がありません。

ここで注意すべきことは、業務遂行性とはあくまで「事業主の支配下にあること」、いいかえれば事業主に対する労働者の従属状態そのものを指す機能的概念ですから、事業主の支配下にあって業務遂行性が認められても、その個々の行為がすべて業務行為となるわけではありません。例えば、休憩時間中の個々の自由行動、始業前又は終業後における事業場施設の利用、事業附属寄宿舎における個々の起居動作、出張中の自由行動などは、

それ自体としては一般に私的行為です。したがって、業務遂行性とこれらの個々の私的行為とは、区別して論ずるべきであり、業務遂行性がある場合でも、これらの個々の私的行為に起因する災害は、他に事業場施設等が原因として競合（共働）していると認められない限り、一般に業務起因性はありません。[5]

また、「当該業務に従事していなかったならば、当該傷病は生じなかったであろう」という条件関係が必要ですが、当該傷病等が、事業主の支配下にあったことを単なる機会として発生した場合、すなわち「業務に従事していなかったとしても、他に何らかの機会があれば、又は他に何らかの機会がなくても、なお発生したであろう」と認められる場合には、前提となる条件関係が欠けていますから、業務起因性は否定されます。このような場合には、事業主の支配下にあったことを、当該傷病に関する「機会原因」ということがあります。

例えば、自宅においても、階段の昇り降りとか、バケツで水を運ぶときなど、ちょっとしたはずみで鼠経ヘルニアを起こす人がいます。このような素因をもった労働者が、作業中にちょっとしたはずみで鼠経ヘルニアを起したとしても、それは、作業を機会として発症したにすぎないもので、業務起因性は認められません。[5]

〔2〕相当因果関係

「相当因果関係」は民法上の概念としてかねてより存在していたもので、例えば「一定の原因行為と，それなしには生じないと認められる結果とのつながりが，社会生活観念上も，特異のことではなく通常予想できる程度のものである場合をいう。」（ブリタニカ国際大百科事典）などと説明されています。

労災認定における「相当因果関係」も、かねてより労災補償行政において「業務上」とは業務と傷病との間に相当因果関係があることをいうと説明されてきています。

災害補償に関して最高裁判所が「相当因果関係」により判示した最初の事例は、熊本地裁八代支部事務官事件（1976年（昭51）11月12日、最高裁二小判決、判時837-34）とされており、「『職員が公務上死亡した

場合』とは、職員が公務に基づく負傷又は疾病に起因して死亡した場合をいい、右負傷又は疾病と公務との間には相当因果関係のあることが必要であり、その負傷又は疾病が原因となって死亡事故が発生した場合でなければならない」としています。

　結局、相当因果関係とは、業務と傷病等との間に条件関係があることを前提としつつ、両者の間に法的にみて労災補償を認めるのを相当とする関係をいうと定義されます。

　また、「相当因果関係」の意味については、最高裁判所事務総局作成（1997）の「労働災害補償関係事件執務資料、労働関係民事・行政裁判資料第41号」[7]を一部修正し次のように説明できます。

　相当因果関係を肯定するための前提として条件関係の存在が必要です。この条件関係を認定実務上「業務遂行性」と呼んでいます。これは傷病等の発生の原因が業務に存在することを意味します。業務がなければ傷病等が発生しなかったという関係があるともいえます。

　傷病等の発生の原因となった他の諸条件を前提として、それに業務が加わったことが結果発生に有意に寄与したといえることが必要です。あえて「有意に」というのは、傷病という事柄の性質上、結果発生に影響したかもしれないが、そうとも断定できない事例が多いからで、確かに影響しているというのであれば、影響の程度を問わず、有意に寄与したとして、条件関係は肯定されることになります。この条件関係は、法的評価を加える前のいわば自然的、事実的因果関係ということができます。医学的にみて業務が傷病等を引き起こす原因にはなり得ないという場合には、この条件関係がないことになります。過重業務による脳・心臓疾患のような業務に特有ではない疾患につきましては、そもそもこの条件関係の存否の確定自体が難しい事例が多いのです。業務起因性を否定した裁判例のほとんどは、条件関係では足りず、相当因果関係が必要であると判示した上で、その存否を論じていますが、医学的ないし傷病等に至る経過からみて、業務が傷病等の発生に有意に寄与したという自然的因果関係の存在自体が証明されていないとするものが、少なからずあるようです。すなわち、脳や心臓に係る基礎疾患を有していた労働者がその増悪により死亡した事例において、業務起因性を肯定するには業務が基礎疾患を自然的経過を超えて著しく増悪させたことを要する事例が多いのですが、増悪が著しいものでな

ければ自然的経過と区別がつき難いことを考慮すると、結局、その趣旨は業務が有意に寄与したことを要するというに尽きる事例が多いと考えられます。

相当因果関係の存在を必要とするという考え方は、このような条件関係の存在だけでは業務起因性を肯定できないと考えるのです。すなわち、条件関係のある事例のうちの一定の事例には相当因果関係がないとされるのであり、逆に言うと、条件関係に何らかの要件が付け加わって初めて相当因果関係が肯定されるのです。

労働省労働基準局編著（1997）「労災保険 業務災害及び通勤災害認定の理論と実際（上巻）」[5]では、相当因果関係を次のように説明しています。すなわち、相当因果関係は、傷病等の原因のうち、業務が相対的に有力な原因であることを必要とし、経験則に照らし当該業務には当該傷病を発生させる危険があったと認められるかどうか、によって判断しなければならないとしています。いいかえれば、人間のあらゆる経験的・科学的知識に照らし、その傷病等が当該業務伴う危険が現実化したものであるかどうか、ということです。

なお、「業務が相対的に有力な原因であること」について、業務上の原因の寄与率が50％を超える必要があると理解しようとする向きが一部にありますが、寄与率というものの算定は、様々な原因が競合する場合には困難であり、適正な労災認定を行ううえでは採用すべきではありません。また、「寄与率が50％を超える必要がある」とは業務が絶対的に有力でなければならないことを意味し、前記に矛盾し、不適切です。

〔3〕条件関係に加わって相当因果関係が肯定される要件

条件関係に加わって相当因果関係が肯定される要件について、最高裁判所事務総局作成（1997）の「労働災害補償関係事件執務資料、労働関係民事・行政裁判資料第41号」[7]には3つの説が説明されており、結論としては「③平均的労働者基準説」を採用すべきであるとしています。

① 共働原因説…業務が他の原因とともに共働原因となっていれば足りるというもので、これは条件関係のみで業務起因性を肯定するに等しく、相当因果関係の存在を必要とすると考える以上、業務が、傷病の唯一又

は最も有力な原因であることまでは要しないものの、他の原因と比較して相対的に有力な原因となっていることが必要であると考えられます。すなわち、共働原因説は採用できません。

② 本人基準説…災害補償制度は、業務に内在又は随伴する危険が現実化した場合に、それによって労働者に発生した損失を補償するものです。このような制度の趣旨に照らすと、業務と傷病との間の条件関係に加えて、その業務がその傷病発生の危険を含むものとの評価ができる場合に相当因果関係があると評価し、業務起因性を肯定すべきというものです。

　問題は、業務の危険性をどのようなレベルでとらえるかです。使用者は労働者の労務の提供によって事業を遂行している以上、使用者によって労務の提供が期待されている者すべてを対象として、そのような者の中で最も危険に対する抵抗力の弱い者を基準として危険の有無を考えるべきではないかというのが本人基準説です。ここでいう使用者によって労務の提供が期待されている者とは、完全な健康体の者ばかりでなく、何らかの基礎疾病を有し労務の内容や程度に制限を受けているものの、その限度で労務に服することは期待できるし使用者からもそのように期待されている者を広く含む趣旨です。具体的には、高齢者や身体に障害を有する者なども含まれることになり、このような者の雇用拡大が期待されている状況に合致する考え方といえます。

　この考え方では、ほとんどの場合、条件関係さえ認定できれば業務起因性が肯定されることになりますが、ごく限られた場合とはいえ条件関係以外の要素を考慮する点でなお相当因果関係を要求しているものといえますし、条件関係の認定自体が困難な事例が少なくないことからすると、業務起因性を不当に緩やかに認めるものとはいえないと思われます。

　しかし、危険のレベルについては、本人基準説では、労災補償の範囲が広くなりすぎ、使用者の拠出に基づいて運営されている保険制度の趣旨と合致しないのではないかと思われます。すなわち、本人基準説の考え方を前提とすると、例えば、重篤な高血圧症の基礎疾病を有するために勤務を軽減されている者が、勤務を軽減されていない者と同程度の労務に服したために、高血圧症が著しく悪化し死亡した場合、労務が死亡という結果発生に有意に寄与したといえるばかりか、通常の労働者にとってさして負荷ともいえないレベルの労務でも、その者の健康状態か

らすれば、高血圧症を著しく悪化させるおそれのある危険な業務と評価し得るのですから、業務と死亡との間の相当因果関係を肯定し得ることになります。この結論は、勤務を軽減されるべき者が通常レベルの労務を強いられた場合を想定すると、一見妥当性を有するように見えないでもありません。しかし、そのような労働者の救済は、本来、そのような労務を強いた使用者の安全配慮義務を追及することによるべきであり、使用者全体の拠出によって運営される労災保険制度による救済の範囲外に置くべきものでないかと思われます。

　上記が本人基準説に関する文献[7]の記述（一部修正）ですが（上記を含めて「第二説」を「本人基準説」と言い換えています。）、これを採用しないとする労災補償行政における考え方と合致しています。今後の医学の進展、裁判例の積重ね、法律改正による労災補償制度の変更などによって、一般国民が納得できる考え方により本人基準説が適切であるとされない限り、本人基準説は採用できません。

③　平均的労働者基準説…労災保険制度の趣旨を前提とする限り、危険の程度は、平均的な労働者、すなわち、通常の勤務に就くことが期待されている者を基準とすべきではないかと思われます。ここでいう、通常の勤務に就くことが期待されている者とは、現在の勤務の実態に照らすと、完全な健康体の者のほか基礎疾病を有するものの勤務の軽減を要せず通常の勤務に就き得る者、いわば平均的労働者の最下限の者も含むと解すべきでしょう。この考え方によると、基礎疾病を有しながら通常の勤務に就いている者にとって、その基礎疾病を有意に悪化させる可能性のある業務は危険を内在化したものであり、そのような業務に就いたことにより基礎疾病が有意に悪化した場合には、業務とその結果との間には相当因果関係を肯定し得ることとなります。すなわち、平均的労働者の範ちゅうに属する者については、条件関係さえ肯定できれば、業務起因性を肯定し得ることとなり、非常に明快な見解といえるでしょう。また、平均的労働者の範ちゅうに属さない者（例えば、基礎疾病を有するために勤務の制限を受けている者）も、一切救済されないわけではなく、その従事した業務が平均的労働者の最下限の者にとっても危険と評価し得るものであり、かつ、条件関係が肯定できれば、相当因果関係を認めることができるのです。[7]

横浜南労基署長事件の最高裁判決（2000年（平12）7月17日）においては、「上告人は、くも膜下出血の発症の基礎となり得る疾患（脳動脈りゅう）を有していた蓋然性が高い上、くも膜下出血の危険因子として挙げられている高血圧症が進行していたが、1981年（昭56）10月及び1982年（昭57）10月当時はなお血圧が正常と高血圧の境界領域にあり、治療の必要のない程度のものであったというのであり、また、上告人には、健康に悪影響を及ぼすと認められる嗜好はなかった」、「上告人の右基礎疾患が右発症当時その自然の経過によって一過性の血圧上昇があれば直ちに破裂を来す程度にまで増悪していたとみることは困難というべきであり」と判示し、平均的労働者基準説を採用しています。

2　最高裁判決に基づく今後の認定方式

今後の労災認定は、次の最高裁判決の考え方に沿って労災認定を行う必要があります。

〔1〕東大ルンバール事件

1975年（昭50）10月24日に下された最高裁判決（民集29巻9号1417ほか）は、医療訴訟の一つですが、裁判所が因果関係の証明に関して「指導的な判断」を示した判例として、極めて重要です。

事件の概要は、次のとおりです。

上告人（提訴者。当時3歳）は、化膿性髄膜炎のため1955年（昭30）9月6日被上告人の経営する東京大学医学部附属病院小児科へ入院し、医師A、同Bの治療を受け、次第に重篤状態を脱し、一貫して軽快しつつありましたが、同月17日午後零時30分から1時頃までの間にB医師によりルンバール（腰椎穿刺による髄液採取とペニシリンの髄腔内注入）の施術を受けたところ、その15分ないし20分後突然に嘔吐、けいれんの発作等を起こし、右半身けいれん性不全麻痺、性格障害、知能障害及び運動障害等を残した欠損治癒の状態で同年11月2日退院し、その後も後遺症

として知能障害、運動障害等が残りました。

裁判の経過は、次のとおりです。

第一審：東京地裁　1970年（昭45）2月28日判決…請求棄却（医師の過失なし）

控訴審：東京高裁　1973年（昭48）2月22日判決…請求棄却（医師の過失なし）

上告審：最高裁　1975年（昭50）10月24日判決…原判決破棄、高裁に差戻し

差戻後控訴審：東京高裁　1979年（昭54）4月16日判決…請求容認

最高裁判決では、判決理由の中で、

> 訴訟上の因果関係の立証は、一点の疑義も許されない自然科学的証明ではなく、経験則に照らして全証拠を総合検討し、特定の事実が特定の結果発生を招来した関係を是認しうる高度の蓋然性を証明することであり、その判定は、通常人が疑を差し挟まない程度に真実性の確信を持ちうるものであることを必要とし、かつ、それで足りるものである

と判示したうえ、次のように結論づけています。

　以上の事実関係を、因果関係に関する上記に説示した見地にたって総合検討すると、他に特段の事情が認められないかぎり、経験則上本件発作とその後の病変の原因は脳出血であり、これが本件ルンバールに因って発生したものというべく、結局、上告人の本件発作及びその後の病変と本件ルンバールとの間に因果関係を肯定するのが相当である。

　原判決の挙示する証人E、同Fの各証言、鑑定人C、同G、同D及び同Fの各鑑定結果もこれを仔細に検討すると、右結論の妨げとなるものではない。

　したがって、原判示の理由のみで本件発作とその後の病変が本件ルンバールに因るものとは断定し難いとして、上告人の本件請求を棄却すべきものとした原判決は、因果関係に関する法則の解釈適用を誤り、経験則違背、理由不備の違法をおかしたものというべく、その違法は結論に影響す

ることが明らかであるから、論旨はこの点で理由があり、原判決は、その余の上告理由についてふれるまでもなく破棄を免れない。そして、担当医師らの過失の有無等につきなお審理する必要があるから、本件を原審に差し戻すこととする。

〔2〕 横浜南労基署長事件（東京海上横浜支店事件）

　この事件は、東京海上火災保険㈱横浜支店の支店長付きの運転手が1984年（昭59）5月11日早朝、支店長を迎えに行くために自動車を運転して走行中にくも膜下出血を発症し休業したことについて、横浜南労基署長に対し、労働者災害補償保険法に基づいて休業補償給付の請求をしたところ、同署長が、本件発症は業務上の疾病に当たらないとして不支給決定をしたため、審査請求、再審査請求を経てその決定の取消しを求めた訴訟事例です。
　第一審の横浜地裁は1993年（平5）3月23日に原処分取消（業務上）の判決を行い、第二審の東京高裁は1995年（平7）5月30日に請求棄却（業務外）の判決をしました。上告審においては、2000年（平12）7月17日最高裁第一小法廷が原判決棄却（業務上）の判決を下したものです（時報1723号132頁／タイムズ1041号145頁／裁判所時報1272号1頁／労働判例785号6頁）。
　最高裁の判決文の主要部分の抜粋は、次のとおりです。
　前記事実関係によれば、上告人の業務は、支店長の乗車する自動車の運転という業務の性質からして精神的緊張を伴うものであった上、支店長の業務の都合に合わせて行われる不規則なものであり、その時間は早朝から深夜に及ぶ場合があって拘束時間が極めて長く、また、上告人の業務の性質及び勤務態様に照らすと、待機時間の存在を考慮しても、その労働密度は決して低くはないというべきである。
　上告人は、遅くとも昭和58年1月以降本件くも膜下出血の発症に至るまで相当長期間にわたり右のような業務に従事してきたのであり、とりわけ、右発症の約半年前の同年12月以降は、1日平均の時間外労働時間が

7時間を上回る非常に長いもので、1日平均の走行距離も長く、所定の休日が全部確保されていたとはいえ、右のような勤務の継続が上告人にとって精神的、身体的にかなりの負荷となり慢性的な疲労をもたらしたことは否定し難い。

　しかも、右発症の前月である同59年4月は、1日平均の時間外労働時間が7時間を上回っていたことに加えて、1日平均の走行距離が同58年12月以降の各月の1日平均の走行距離の中で最高であり、上告人は、同59年4月13日から同月14日にかけての宿泊を伴う長距離、長時間の運転により体調を崩したというのである。

　また、その後同月下旬から同年5月初旬にかけては断続的に6日間の休日があったとはいえ、同月1日以降右発症の前日までには、勤務の終了が午後12時を過ぎた日が2日、走行距離が260キロメートルを超えた日が2日あったことに加えて、特に右発症の前日から当日にかけての上告人の勤務は、前日の午前5時50分に出庫し、午後7時30分ころ車庫に帰った後、午後11時ころまで掛かってオイル漏れの修理をして（右修理も上告人の業務とみるべきである。）午前1時ころ就寝し、わずか3時間30分程度の睡眠の後、午前4時30分ころ起床し、午前5時の少し前に当日の業務を開始したというものである。右前日から当日にかけての業務は、前日の走行距離が76キロメートルと比較的短いことなどを考慮しても、それ自体上告人の従前の業務と比較して決して負担の軽いものであったとはいえず、それまでの長期間にわたる右のような過重な業務の継続と相まって、上告人にかなりの精神的、身体的負荷を与えたものとみるべきである。

　他方で、上告人は、くも膜下出血の発症の基礎となり得る疾患（脳動脈りゅう）を有していた蓋然性が高い上、くも膜下出血の危険因子として挙げられている高血圧症が進行していたが、同56年10月及び同57年10月当時はなお血圧が正常と高血圧の境界領域にあり、治療の必要のない程度のものであったというのであり、また、上告人には、健康に悪影響を及ぼすと認められる嗜好はなかったというのである。

　以上説示した上告人の基礎疾患の内容、程度、上告人が本件くも膜下出血発症前に従事していた業務の内容、態様、遂行状況等に加えて、脳動脈りゅうの血管病変は慢性の高血圧症、動脈硬化により増悪するものと考え

られており、**慢性の疲労や過度のストレスの持続が慢性の高血圧症、動脈硬化の原因の一つとなり得るものである**ことを併せ考えれば、上告人の右基礎疾患が右発症当時その自然の経過によって一過性の血圧上昇があれば直ちに破裂を来す程度にまで増悪していたとみることは困難というべきであり、他に確たる増悪要因を見いだせない本件においては、上告人が右発症前に従事した業務による過重な精神的、身体的負荷が上告人の右基礎疾患をその自然の経過を超えて増悪させ、右発症に至ったものとみるのが相当であって、その間に相当因果関係の存在を肯定することができる。したがって、上告人の発症した本件くも膜下出血は労働基準法施行規則35条、別表第一の二第9号にいう「その他業務に起因することの明らかな疾病」に該当するというべきである。

　上記の最高裁判決が出された当時の脳・心臓疾患の認定基準は、抜本的に改正された2001年の認定基準（2021年（令3）9月14日基発0914第1号）の表現を用いると、①異常な出来事、②短期間の過重業務のいずれかに該当することを認定要件としていました。これは、脳・心臓疾患の「発症のみに着目し、当該発症の直接原因が業務にある場合に認定する」という考え方でした。まさに「災害主義」に基づくものでした。

　これに対し、最高裁判決では、1983年（昭58）1月以降1984年（昭59）5月11日の発症日までの1年4か月間にわたって業務による過重性を評価しており、当時の認定基準にはない考え方を採用したものです。すなわち、

　本件くも膜下出血の発症は、従事していた業務の内容、態様、遂行状況等に加えて、脳動脈りゅうの血管病変は慢性の高血圧症、動脈硬化により増悪するものと考えられており、慢性の疲労や過度のストレスの持続が慢性の高血圧症、動脈硬化の原因の一つとなり得るものであるを考慮したというものです。発症のみに着目して当該発症の直接原因が業務にあるというそれまでの認定基準の考え方ではなく、慢性の疲労や過度のストレスの持続が血管病変を自然経過を超えて増悪するものであるという医学常識を踏まえたものとなっています。したがって、1週間程度の期間ではなく、長期間の過重業務を評価して業務起因性を判断する方式になったものです。

3 副業・兼業の場合の労災認定

　前章において副業・兼業において適用する複数業務要因災害に関する保険給付は不要であると記述しましたので、それでは副業・兼業の場合の労災認定はいかにあるべきかを述べる必要があります。

　2020年（令2）の法改正前の業務災害に関する保険給付の労災認定の在り方、それも災害主義から脱却した考え方が必要になります。

　基本的な考え方としましては、次のようになります。

① 　副業・兼業の業務の双方の業務に有害要因がある場合には、それらの有害要因へのばく露量を合算して評価することが必要です。例えば、発症前数か月以内に副業・兼業により長時間労働が行われたことによる脳・心臓疾患、副業・兼業の業務の双方の業務に強い心理的負荷やその関連要因が認められる場合の精神障害などがあります。

② 　発病時期よりかなり前に副業・兼業を行っており、発病直前には副業・兼業を行っていなかった場合にも、原則として副業・兼業の双方の業務を総合的に評価すべきです。例えば、副業・兼業の業務の双方の業務に粉じん作業があり、双方の業務が原因になって発症したじん肺症などがあります。

③ 　短時間ないし短期間の有害要因へのばく露により発病する疾病につきましては、副業・兼業の片方の業務により発病する場合が多いです。化学物質の一時的な大量ばく露による急性中毒、酸素欠乏症、腰部への急激な負荷による災害性腰痛などがあります。

　上記①・②から分かるように、副業・兼業を行っていた事例につきましては、一方のみの業務に着目して業務との因果関係を判断してはならず、また、③に掲げたような疾病を除いて、短期間の業務だけに着目して業務との因果関係を判断してはなりません。すなわち、過去の間違っていた「災害主義」による判断をしてはなりません。

　業務上疾病リストに掲げられた主要な疾病について検討すると、次のとおりです。

　第1号の業務上の負傷に起因する疾病の大部分は、③に掲げたものと同様です。ただし、頭部の打撲の後数か月経過してから発症する慢性硬膜下

血腫のように時間経過した後に発症するものがありますので、副業・兼業の業務の双方のうち、いずれの業務で打撲が生じたのか、確認する必要があります。重い火傷を負った皮膚に長期間経過後に皮膚がんが生じることがあり、火傷の事実を副業・兼業の業務のうちのいずれの業務により生じたのか、確認を要します。

　第2号の物理的因子による疾病については、有害要因としての物理的因子の性質などによって、発病の時期が異なります。物理的因子への繰り返しばく露によって生ずる紫外線、赤外線による眼障害、騒音による騒音性難聴、放射線被ばくによる慢性皮膚障害などがあり、これらの疾病は上記①の枠組みに含まれますので、副業・兼業の業務の双方のばく露量を合算する必要があります。また、レーザー光線による眼障害、放射線被ばくによる急性放射線症などは1回のばく露により発病することが多いので、副業・兼業の業務のうちいずれの業務が原因になっているのかについて確認する必要があります。

　第3号の作業態様による疾病については、有害要因への継続的ないしは繰り返しばく露によって生ずる疾病が多いので、副業・兼業の業務の双方のばく露量を合算する必要があります。

　第4号の化学物質等による疾病については、化学物質の性質などによって1回の大量ばく露によるものと継続的ないしは繰り返しばく露によるものの両方があり得ますので、後者の継続的ないしは繰り返しばく露による場合は副業・兼業の業務の双方のばく露のあった化学物質の種類やばく露量を合算する必要があります。

　第5号の感染症については、診察、看護、介護等の業務に関する副業・兼業がある場合、生じた感染症の種類、病原体の種類などによって副業・兼業の業務の双方に感染源がある場合、片方にしか感染源がない場合、これらのいずれに感染源があるのか判明できない場合などがあり、副業・兼業の業務の双方について全体を把握して評価する必要があります。

　第6号のじん肺症とじん肺合併症については、長期間にわたる粉じんばく露で生ずるので副業・兼業の業務の双方に粉じんばく露業務がある場合は、双方のばく露量を合算する必要があります。

　第7号の職業がんについては、いずれも一定期間以上のばく露により一般に長い潜伏期間（ばく露開始から発病までの期間）を経て発病します。

副業・兼業の業務の双方に発がん物質などへのばく露がある場合には、副業・兼業の業務の双方について合算して評価する必要があります。

第8号の過労死（脳・心臓疾患）と第9号の精神障害については、前記①に掲げた場合に該当します。

4　立証責任

労働者が被った傷病等について「業務上」であることの立証責任は、労災補償を請求する者にあるとするのが基本です。しかしながら、事業主の故意、過失の存在を立証する必要はなく、傷病等の原因が業務に存在し、当該原因が当該傷病等を引き起こしたとする疎明をすれば、実務的には、保険者である国（労働基準監督署）が確認することになります。

また、業務との因果関係が分かりにくい事例の多い「疾病」については、ILO第121号条約「業務災害の場合における給付に関する条約」でも職業病の表の法制化が求められているように、労働基準法施行規則別表第一の二及び告示に示す業務上疾病リストにより業務上疾病の範囲が明示されており、具体的な業務と疾病が示されているものについては、一定の疎明をすれば足りるものとされています。なお、日本は、上記条約について1974年（昭49）6月7日に批准しているとともに、1980年（昭55）の改正条約も1981年（昭56）に国会の承認を得てその改正条約を受諾しています。

近年においては、新たな業務上疾病が生じた場合や定期的な検討により追加が必要とされる疾病については業務上疾病リストに追加する省令改正がなされており、立証責任の軽減のためにも、このような措置は継続されなければなりません。

立証の基本的な考え方は、現時点では、前記の東大ルンバール事件に関する1975年（昭50）10月24日最高裁第二小法廷判決（民集29巻9号1417頁、訟月21巻11号297頁、判時792号3頁。前掲）によるべきであると考えられます。

第4節　労災認定における留意事項

　本節は、これまでの労災認定の経過の中で様々な課題が生じてこれを解決してきた経過があるので、これを明らかにしてこれからの労災認定の適正化に役立てることを目的として記述したものです。

1　労働者性

　労働基準法及び労働者災害補償保険法に定める災害補償は、労働者を使用する事業に適用され、労働者が業務上負傷し、疾病にかかり、障害を残し、及び死亡した場合に適用となります。
　そこで、「労働者」の定義を確認する必要があり、労災認定の実務においても最初に「労働者性」の有無を確認しなければなりません。
　なお、2023年（令5）には、特定受託事業者に係る取引の適正化等に関する法律（フリーランス・事業者間取引適正化等法。令和5年法律第25号）（後述）が制定され、翌年に施行されるとともに、2023年10月13日に厚生労働省の「新しい時代の働き方に関する研究会」の報告書がとりまとめられ、フリーランスなどの個人事業主の中には、業務に関する指示や働き方が労働者として働く人と類似している者もみられるとして労働基準法の対象となる「労働者」の考え方を含めて検討する必要があるとしていますので、今後、「労働者性」について何らかの基準などが示されるのではないかと思われます。

〔1〕労働者の定義

　労働基準法第9条には、「『労働者』とは、職業の種類を問わず、事業又は事務所に使用される者で、賃金を支払われる者をいう。」と定義されています。
　これに該当する者は、臨時雇、日雇、アルバイト、パートタイマー等の

雇用形態の差異、雇用期間の長短などを問わず、「労働者」です。

〔2〕法令による適用除外

　形式上「労働者」の定義に該当する者その他の者でも労働基準法が適用されない者があり、以下のとおりです。

① 船員法の適用のある船員

　第1条から第11条まで（総則）、第116条第2項、第117条から第119条まで及び第121条（罰則）の規定を除き、労働基準法は、船員法（昭和22年法律第100号）第1条第1項に規定する船員については、適用されません（労働基準法第116条第1項）。

② 同居の親族・家事使用人

　労働基準法は、同居の親族のみを使用する事業及び家事使用人については、適用されません（労働基準法第116条第2項）。

　なお、2023年（令5）10月20日に新しい時代の働き方に関する研究会の報告書がとりまとめられ、2024年（令6）1月23日以降に労働基準関係法制研究会が開催されており、近い将来に「家事使用人」などを含めて今後の労働法制上の変更などが取りざたされる可能性があります。

③ 国家公務員

　非現業国家公務員には、労働基準法、労働安全衛生法等は適用されません（国家公務員法附則第6条）。

④ 地方公務員

　地方公務員には、労働基準法、労働安全衛生法等のうちの一定の範囲の規定は適用されず、労働基準監督機関の職権が及びません（地方公務員法第58条第3項本文）。

⑤ 家内労働者

　「家内労働者」とは、物品の製造、加工等若しくは販売又はこれらの請負を業とする者その他これらの行為に類似する行為を業とする者であって厚生労働省令で定めるものから、主として労働の対償を得るために、その業務の目的物たる物品（物品の半製品、部品、附属品又は原材料を含む。）について委託を受けて、物品の製造又は加工等に従事する

者であって、その業務について同居の親族以外の者を使用しないことを常態とするものをいうと定義され（家内労働法第2条第2項）、労働基準法の労働者には該当しません。

〔3〕会社の役員は原則として労働者に該当しない

　法人、団体、組合の代表者又は執行機関である者のように、事業主体との関係において使用従属の関係に立たない者は労働者ではないとされています（1948年（昭23）1月9日基発第14号）。

　法人のいわゆる重役等で業務執行権又は代表権を持たない者が、工場長、部長等の職にあって賃金を受ける場合は、その限りにおいて労働基準法第9条に規定する労働者です（1948年（昭23）3月17日基発第461号）。したがって、取締役等である者が業務執行権の行使に当たらない事務又は労務の一部を担当し、その対価として賃金を支払われるときは労働者として取り扱われます（奈良地裁判決1950年（昭25）（行）第8号ほか）。

　労災保険の実務上の取扱いとして次の通達があります（1959年（昭34）1月26日基発第48号）。

① 法人の取締役、理事、無限責任社員等の地位にある者であっても、法令、定款等の規定に基づいて業務執行権を有すると認められる者以外の者で、事実上、業務執行権を有する取締役、理事、代表社員等の指揮、監督を受けて労働に従事し、その対償として賃金を得ている者は、原則として労働者として取り扱います。

② 法令、定款等の規定によって業務執行権を有しないと認められる取締役等であっても、取締役会規則その他の内部規定によって業務執行権を有する者がある場合には、保険加入者からの申請により、調査を行い事実を確認したうえでこれを労働者から除外します。この場合の申請は文書を提出させるものとしています。

〔4〕労働基準法研究会の「労働者」の判断基準

　産業の進展、労働態様の多様化に伴い、様々な要因により労働者性の判断が難しい者も存在します。労働省が設置していた労働基準法研究会は「労働基準法の「労働者」の判断基準について」（1985年（昭60）12月19日）をとりまとめています。

　「労働者性」の判断に当たっては、雇用契約、請負契約といった形式的な契約のいかんにかかわらず、実質的な使用従属性を、労務提供の形態や報酬の労務対償性及びこれらに関連する諸要素をも勘案して総合的に判断する必要があるとしています。

労働基準法研究会報告「労働基準法の「労働者」の判断基準について」（抜粋）
（1985年（昭60）12月19日）

第1　労働基準法の「労働者」の判断
1　労働基準法第9条は、その適用対象である労働者を「…使用される者で、賃金を支払われる者をいう。」と規定している。これによれば、「労働者」であるか否か、すなわち、「労働者性」の有無は「使用される＝指揮監督下の労働者」という労務提供の形態及び「賃金支払い」という報酬の労務に対する対償性、すなわち報酬が提供された労務に対するものであるかどうかということによって判断されることとなる。この二つの基準を相称して、「使用従属性」と呼ぶこととする。
2　しかしながら、現実には、指揮監督の程度及び態様の多様性、報酬の性格の不明確さを欠き、これらの基準によって「労働者性」の判断することが困難な場合がある。
　　このような限界的事例については、「使用従属性」の有無、すなわち「指揮監督下の労働」であるか、「報酬が賃金として支払われている」かどうかを判断するに当たり、「専属度」、「収入額」等の諸要素をも考慮して、総合判断することによって「労働者性」の有無を判断せざるを得ないものと考える。
3　なお、「労働者性」の有無を法律、制度等の目的、趣旨と相関連させて、

ケース・バイ・ケースで「労働者」であるか否かを判断する方法も考え得るが、少なくとも、労働基準関係法制については、使用従属の関係にある労働者の保護を共通の目的とするものであり、また、全国画一的な監督行政を運営していく上で、「労働者」となったり、ならなかったりすることは適当でなく、共通の判断によるべきであろう。

第2 「労働者性」の判断基準
1 「使用従属性」に関する判断基準
(1)「指揮監督下の労働」に関する判断基準
　　労働が他人の指揮監督下において行われているかどうか、すなわち他人に従属して労務を提供しているかどうかに関する判断基準としては、種々の分類があり得るが、次のように整理することができよう。
　イ　仕事の依頼、業務従事の指示等に対する諾否の自由の有無
　　　「使用者」の具体的な仕事の依頼、業務従事の指示等に対して諾否の自由を有していれば、他人に従属して労務を提供するとは言えず、対等な当事者間の関係となり、指揮監督関係を否定する重要な要素となる。
　　　これに対して、具体的な仕事の依頼、業務従事の指示等に対して拒否する自由を有しない場合は、一応、指揮監督関係を推認させる重要な要素となる。なお、当事者間の契約によっては、一定の包括的な仕事の依頼を受諾した以上、当該包括的な仕事の一部である個々具体的な仕事の依頼については拒否する自由が当然制限される場合があり、また、専属下請のように事実上、仕事の依頼を拒否することができないという場合もあり、このような場合には、直ちに指揮監督関係を肯定することはできず、その事実だけでなく、契約内容等も勘案する必要がある。
　ロ　業務遂行上の指揮監督の有無
　　(イ) 業務の内容及び遂行方法に対する指揮命令の有無
　　　　業務の内容及び遂行方法について「使用者」の指揮命令を受けていることは、指揮監督関係の基本的かつ重要な要素である。しかしながら、この点も指揮命令の程度が問題であり、通常注文者が行う程度の指示等に止まる場合には、指揮監督を受けているとは言えな

い。なお、管弦楽団、バンドマンの場合のように、業務の性質上放送局等「使用者」の具体的な指揮命令になじまない業務については、それらの者が放送事業等当該事業の遂行上不可欠なものとして事業組織に組み入れられている点をもって、「使用者」の一般的な指揮監督を受けていると判断する裁判例があり、参考にすべきであろう。

(ロ) その他

そのほか、「使用者」の命令、依頼等により通常予定されている業務以外の業務に従事することがある場合には、「使用者」の一般的な指揮監督を受けているとの判断を補強する重要な要素となろう。

ハ 拘束性の有無

勤務場所及び勤務時間が指定され、管理されていることは、一般的には、指揮監督関係の基本的な要素である。しかしながら、業務の性質上(例えば、演奏)、安全を確保する必要上(例えば、建設)等から必然的に勤務場所及び勤務時間が指定される場合があり、当該指定が業務の性質等によるものか、業務の遂行を指揮命令する必要によるものかを見極める必要がある。

ニ 代替性の有無—指揮監督関係の判断を補強する要素—

本人に代わって他の者が労務を提供することが認められているか否か、また、本人が自らの判断によって補助者を使うことが認められているか否か等労務提供に代替性が認められているか否かは、指揮監督関係そのものに関する基本的な判断基準ではないが、労務提供に代替性が認められている場合には、指揮監督関係を否定する要素の一つとなる。

(2) 報酬の労務対償性に関する判断基準

労働基準法第11条は、「賃金とは、賃金、給料、手当、賞与その他名称の如何を問わず、労働の対償として使用者が労働者に支払うものをいう。」と規定している。すなわち、使用者が労働者に対して支払うものであって、労働の対償であれば、名称の如何を問わず「賃金」である。この場合の「労働の対償」とは、結局において「労働者が使用者の指揮監督の下で行う労働に対して支払うもの」と言うべきものであるから、報酬が「賃金」であるか否かによって逆に「使用従属性」を判断するこ

とはできない。

　しかしながら、報酬が時間給を基礎として計算される等労働の結果による較差が少ない、欠勤した場合には応分の報酬が控除され、いわゆる残業をした場合には通常の報酬とは別の手当が支給される等報酬の性格が使用者の指揮監督の下に一定時間労務を提供していることに対する対価と判断される場合には、「使用従属性」を補強することとなる。

2 「労働者性」の判断を補強する要素

　前述のとおり、「労働者性」が課題となる限界的事例については、「使用従属性」の判断が困難な場合があり、その場合には、以下の要素をも勘案して、総合判断する必要がある。

(1) 事業者性の有無

　　労働者は機械、原材料等の生産手段を有しないのが通例であるが、最近におけるいわゆる傭車運転手のように、相当高価なトラック等を所有して労務を提供する令がある。このような事例については、前記Ⅰの基準のみをもって「労働者性」を判断することが適当でなく、その者の「事業者性」の有無を併せて、総合判断することが適当な場合もある。

　イ　機械、器具の負担関係

　　本人が所有する機械、器具が安価な場合には問題がないが、著しく高価な場合には自らの計算と危険負担に基づいて事業経営を行う「事業者」としての性格が強く、「労働者性」を弱める要素となるものと考えられる。

　ロ　報酬の額

　　報酬の額が当該企業において同様の業務に従事している正規従業員に比して著しく高額である場合には、上記イと関連するが、一般的には、当該報酬は、労務提供に対する賃金ではなく、自らの計算と危険負担に基づいて事業経営を行う「事業者」に対する代金の支払いと認められ、その結果、「労働者性」を弱める要素となるものと考えられる。

　ハ　その他

　　以上のほか、裁判例においては、業務遂行上の損害に対する責任を負う、独自の商号使用が認められている等の点を「事業者」としての性格を補強する要素としているものがある。

(2) 専属性の程度

特定の企業に対する専属性の有無は、直接に「使用従属性」の有無を左右するものではなく、特に専属性がないことをもって労働者性を弱めることとはならないが、「労働者性」の有無に関する判断を補強する要素のひとつと考えられる。
　イ　他社の業務に従事することが制度上制約され、また、時間的余裕がなく事実上困難である場合には、専属性の程度が高く、いわゆる経済的に当該企業に従属していると考えられ、「労働者性」を補強する要素のひとつと考えて差し支えないであろう。なお、専属下請のような場合については、上記1（1）イと同様留意する必要がある。
　ロ　報酬に固定給部分がある、業務の配分等により事実上固定給となっている、その額も生計を維持しうる程度のものである等報酬に生活保障的な要素が強いと認められる場合には、上記イと同様、「労働者性」を補強するものと考えて差し支えないであろう。
(3) その他
　以上のほか、裁判例においては、①採用、委託等の際の選考過程が正規従業員の採用の場合とほとんど同様であること、②報酬について給与所得としての源泉徴収を行っていること、③労働保険の適用対象としていること、④服務規律を適用していること、⑤退職金制度、福利厚生を適用していること等「使用者」がその者を自らの労働者と認識していると推認される点を、「労働者性」を肯定する判断の補強事由とするものがある。

第3　具体的事案
1　傭車運転手（略）
2　在宅勤務者（略。後記〔5〕を参照）

〔5〕在宅勤務者の労働者性

　在宅勤務者の労働者性については、厚生労働省ホームページに「在宅勤務者についての労働者性の判断について（昭和60年労働基準法研究会報告「労働基準法の『労働者』の判断基準について」より）」という解説記事があります。前記〔4〕に掲げた同報告で省略した部分を次に示します。

２　在宅勤務者

　いわゆる「在宅勤務者」とは、自宅において就業する労働者をいうが、このような就業形態の者は、今後増加していくものと考えられることから、自営業者、家内労働者等と区別し、どのような形態の「在宅勤務者」が労働基準法第９条の「労働者」に該当するか、その判断基準を明確にする必要がある。

［判断基準］
（１）「使用従属性」に関する判断基準

イ　「指揮監督下の労働」に関する判断基準
　（イ）仕事の依頼、業務従事の指示等に対する諾否の自由の有無
　　　　当該諾否の自由があることは、指揮監督関係を否定する重要な要素となるが、一方、当該諾否の自由がないことは、契約内容等による場合もあり、指揮監督関係の存在を補強するひとつの要素に過ぎないものと考えられる。
　（ロ）業務遂行上の指揮監督の有無
　　　　会社が業務の具体的内容及び遂行方法を指示し、業務の進捗状況を本人からの報告等により把握、管理している場合には、業務遂行過程で「使用者」の指揮監督を受けていると考えられ、指揮監督関係を肯定する重要な要素となる。
　（ハ）拘束性の有無
　　　　勤務時間が定められ、本人の自主管理及び報告により「使用者」が把握している場合には、指揮監督関係を肯定する重要な要素となる。
　（ニ）代替性の有無－指揮監督関係の判断を補強する要素－
　　　　当該業務に従事することについて代替性が認められている場合には、

指揮監督関係を否定する要素となる。
ロ 報酬の労務対償性の有無
報酬が、時間給、月給等時間を単位として計算される場合には、「使用従属性」を肯定する重要な要素となる。

(2)「労働者性」の判断を補強する要素

イ 事業者性の有無
 (イ) 機械、器具の負担関係
  自宅に設置する機械、器具が会社より無償貸与されている場合は、「事業者性」を薄める要素となるものと考えられる。
 (ロ) 報酬の額
  報酬の額が、同社の同種の業務に従事する正規従業員に比して著しく高額な場合には、「労働者性」を薄める要素となるものと考えられるが、通常そのような例は少ない。
ロ 専属性の程度
 (イ) 他社の業務に従事することが制約され、または事実上困難な場合には、専属性の程度が高く、「労働者性」を補強する要素のひとつとなる。
 (ロ) 報酬に固定部分がある等生活保障的要素が強いと認められる場合も、上記（イ）と同様、「労働者性」を補強する要素のひとつとなる。
ハ その他
 報酬について給与所得としての源泉徴収を行っているか否か、労働保険の適用対象としているか否か、採用、委託等の選考過程が正規従業員の場合と同様であるか否か等は当事者の認識を推認する要素に過ぎないものではあるが、上記の各基準によっては「労働者性」の有無が明確とならない場合には、判断基準のひとつとして考えなければならないであろう。

[事例]
　○在宅勤務者A
(1) 事業等の概要
　イ 事業の内容
　　ソフトウェアの開発、計算業務の受託、電算室の総括的管理運営
　ロ 在宅勤務者の業務の種類、内容
　　会社よりミニファックスで伝送される仕様書等に基づき、プログラム

の設計、コーディング、机上でのデバッグを行う。
(2) 在宅勤務者の契約内容及び就業の実態
　　イ　契約関係
　　　　期間の定めのない雇用契約により、正社員として採用している。
　　ロ　業務の諾否の自由
　　　　会社から指示された業務を拒否することは、病気等特別な理由がない限り、認められていない。
　　ハ　指揮命令
　　　　業務内容は仕様書等に従ってプログラムの設計等を行うことであり、定型化しており、通常、細かな指示等は必要ない。なお、10日に1回の出社の義務があり、その際、細かい打合せ等をすることもある。
　　ニ　就業時間の拘束性
　　　　勤務時間は、一般従業員と同じく午前9時から午後5時（休憩1時間）と決められており、労働時間の管理、計算は本人に委ねている。
　　ホ　報酬の性格及び額
　　　　報酬は、一般従業員と同じく月給制（固定給）である。
　　ヘ　専属性
　　　　正社員であるので、他社への就業は禁止されている。
　　ト　機械、器具の負担
　　　　末端機器及び電話代は、会社が全額負担している。
(3) 「労働者性」の判断
　　イ　「使用従属性」について
　　　　[1] 業務の具体的内容について、仕様書等により業務の性質上必要な指示がなされていること、[2] 労働時間の管理は、本人に委ねられているが、勤務時間が定められていること、[3] 会社から指示された業務を拒否することはできないこと、に加えて、[4] 報酬が固定給の月給であることから、「使用従属性」があるものと考えられる。
　　ロ　「労働者性」の判断を補強する要素について
　　　　[1] 業務の遂行に必要な末端機器及び電話代が会社負担であること、[2] 報酬の額が他の一般従業員と同等であること、[3] 正社員として他社の業務に従事することが禁止されていること、[4] 採用過程、税金の取扱い、労働保険の適用等についても一般従業員と同じ取扱いであることは、「労

働者性」を補強する要素である。
　ハ　結論
　　　本事例の在宅勤務者は、労働基準法第9条の「労働者」であると考えられる。

○在宅勤務者Ｂ
(1) 事業等の概要
　イ　事業の内容
　　　速記、文書処理
　ロ　在宅勤務者の業務の種類、内容
　　　元正社員であった速記者が、会議録等を録音したテープを自宅に持ち帰り、ワープロに入力する。
(2) 在宅勤務者の契約内容及び就業の実態
　イ　契約関係
　　　「委託契約」により、納期まで1週間〜1か月程度の余裕のある仕事を委託しており、納期の迫っているものは正社員にやらせている。
　ロ　業務の諾否の自由
　　　電話により又は出社時に、できるかどうかを確認して委託している。
　ハ　指揮命令
　　　業務の内容が定型化しており、個々具体的に指示することは必要なく、週1回程度の出社時及び電話により進捗状況を確認している。
　ニ　就業時間の拘束性
　　　勤務時間の定めはなく、1日何時間くらい仕事ができるかを本人に聴き、委託する量を決める。
　ホ　報酬の性格及び額
　　　在宅勤務者個々人についてテープ1時間当たりの単価を決めており、テープの時間数に応じた出来高制としている。
　ヘ　機械、器具の負担
　　　会社がワープロを無償で貸与している。
　ト　その他
　　　給与所得としての源泉徴収、労働保険への加入はしていない。
(3) 「労働者性」の判断
　イ　「使用従属性」について

> [1] 会社からの委託を断ることもあること、[2] 勤務時間の定めはなく、本人の希望により委託する量を決めていること、[3] 報酬は、本人の能力により単価を定める出来高制であること、[4] 業務の遂行方法等について特段の指示がないことから、「使用従属性」はないものと考えられる。
> ロ 「労働者性」の判断を補強する要素について
> 　業務の遂行に必要なワープロは会社が負担しているが、他に「労働者性」を補強する要素はない。
> ハ 結論
> 　本事例の在宅勤務者は、労働基準法第9条の「労働者」ではないと考えられる。

　厚生労働省ホームページには、以上の解説記事のほか、次のようなガイドライン等があり、参考になると思われます。
① 「テレワークにおける適切な労務管理のためのガイドライン」(厚生労働省)
② 「フリーランスとして安心して働ける環境を整備するためのガイドライン」(内閣官房・公正取引委員会・中小企業庁・厚生労働省)
③ 「テレワークモデル就業規則～作成の手引き～」(厚生労働省)

〔6〕労災保険の特別加入者

　労働者に準ずる者の保護のため労働者災害補償保険法第33条～第37条及び労働者災害補償保険法施行規則第46条の16～第46条の27に規定する任意加入の特別加入制度の対象者は、次のとおりです。これらの加入者は原則として「労働者」には該当しません。
① 中小事業主等の特別加入
② 一人親方等の特別加入
③ 特定作業従事者の特別加入
④ 海外派遣者の特別加入

〔7〕その他判例等で労働者性の認められない者

上記〔2〕、〔3〕、〔5〕、〔6〕に掲げる者のほか、労働者性の判断が個別事例ごとに困難な者には次のような例があります。労働者性が認められる者と認められない者がおります。
① 自己所有のトラックによる運送業務従事者
② 同居の親族
③ 不特定多数の事業者からの請負者
④ 実習などを行う学生

〔8〕技能実習生の労働者性

外国人の技能実習生については、「外国人の技能実習の適正な実施及び技能実習生の保護に関する法律」（平成28年法律第89号。以下「技能実習法」といいます。）が2016年（平28）11月28日に公布され、翌年11月1日から施行されました。これに関し、技能実習生の労働条件の確保について（平成22年2月8日基発0208第2号、2017年（平29）11月1日施行）が示されており、技能実習生については「労働者」に該当する場合と該当しない場合があるとされています。

なお、技能実習法は、出入国管理及び難民認定法及び外国人の技能実習の適正な実施及び技能実習生の保護に関する法律の一部を改正する法律（2024年（令6）6月21日法律第60号）により大きく改正され、公布の日から3年以内に施行されることになっています。この改正法の国会提出に先立ち、2024年（令6）2月9日、外国人材の受入れ・共生に関する関係閣僚会議により「技能実習制度及び特定技能制度の在り方に関する有識者会議最終報告書を踏まえた政府の対応について」を決定し、この中に「4　外国人の人権保護・労働者としての権利性の向上」などを掲げており、近い将来、法令、通達等により具体的なことが示されるものと思われます。

〔9〕特定受託事業者に係る取引の適正化等に関する法律

　特定受託事業者に係る取引の適正化等に関する法律（令和5年法律第25号）は、同年4月28日に可決成立し、同年5月12日に公布され、公布の日から起算して1年6か月を超えない範囲内において政令で定める日に施行することとされています。施行日前に関係政省令・告示、通達が示されるものと考えられます。なお、この法律を担当する厚生労働省の担当部署は、雇用環境・均等局　総務課　雇用環境政策室です。
　この法律の目的と定義の一部は、次のように規定されています。すなわち、第2条第1項に定義する「特定受託事業者」は、労働者ではないということになります。

（目的）
第1条　この法律は、我が国における働き方の多様化の進展に鑑み、個人が事業者として受託した業務に安定的に従事することができる環境を整備するため、特定受託事業者に業務委託をする事業者について、特定受託事業者の給付の内容その他の事項の明示を義務付ける等の措置を講ずることにより、特定受託事業者に係る取引の適正化及び特定受託業務従事者の就業環境の整備を図り、もって国民経済の健全な発展に寄与することを目的とする。
（定義）
第2条　この法律において「特定受託事業者」とは、業務委託の相手方である事業者であって、次の各号のいずれかに該当するものをいう。
　一　個人であって、従業員を使用しないもの
　二　法人であって、一の代表者以外に他の役員（理事、取締役、執行役、業務を執行する社員、監事若しくは監査役又はこれらに準ずる者をいう。）がなく、かつ、従業員を使用しないもの

〔10〕今後の労働者性

　2023年（令5）10月13日、厚生労働省が設置して検討してきた「新しい時代の働き方に関する研究会」の報告書がとりまとめられ、翌日に報道されるとともに、同月20日に厚生労働省がその内容等を発表しました。
　報告書は、働き方や社会情勢の変化に合わせて見直す必要があるとして課題を整理しており、フリーランスなどの個人事業主の中には、業務に関する指示や働き方が労働者として働く人と類似している者もみられるとして労働基準法の対象となる「労働者」の考え方を含めて検討する必要があるとしています。
　現に、2023年（令5）9月26日、横須賀労働基準監督署がネット通販の配達を担うフリーランス（個人事業主）の配達中の負傷を労災認定したことが同年10月5日に報道されました。スマートフォンアプリを通じて配達先や労働時間が指示されており、実態が「労働者」と認められたものです。
　働き方や社会情勢の変化に合わせて見直しすることはもとより必要であり、むしろその着手が遅きに失した感があります。しかしながら、「失われた30年」を進めてきた現政権下では、「経済政策」すなわち「企業優遇政策」が色濃く、労働基準法の重要部分の見直しは、労働者保護が向上するのかどうかが危惧されます。ちなみに、2018年（平30）の働き方改革関連法では時間外・休日労働の規制強化が最も重要な改正でしたが、過労死ライン、職種によってはそれ以上の時間外・休日労働を容認する改正内容であり、労働者保護の観点からは極めて不十分なものでした。

2　個別事例などにみる留意事項

　前記においても個別事例を端緒に適正認定の考え方を説明した事項がありますが、ほかにも重要事項がありますので、この項において記述します。

〔1〕和歌山ベンジジン訴訟（労働者災害補償保険法施行日前の業務による法施行日以後の発病の事例に関する法適用の有無）

　本件は、労働基準法及び労働者災害補償保険法の施行日（1947年（昭22）9月1日）前にベンジジンばく露作業に従事した労働者が法施行後に尿路系腫瘍を発病した事例について、所轄労働基準監督署長が不支給決定した処分の取消請求訴訟です。和歌山地裁、大阪高裁判決による取消の判決（労災認定すべきであるとの判決）に引き続き、国の上告に基づき1993年（平5年）2月16日、最高裁判所第三小法廷も次のような取消の判決を出しました。すなわち、法施行前のベンジジンばく露労働者が長い潜伏期間を経て膀胱がんを発病した事例については、労働基準法及び労働者災害補償保険法が適用されるというものです。これは、将来これらの法律が改正された場合にも同様の取扱いが求められることになります。なお、ベンジジンは発がん性の強い物質で長期間の潜伏期間（この場合にはばく露開始から発病までの期間）があり、労働安全衛生法が制定され、施行された1972年（昭47）10月1日以降は製造、使用等が禁止された物質ですが、労働安全衛生法の施行日以前の業務によりばく露した労働者の中から50年以上経過した現在でも毎年若干名の新規の膀胱がん患者が生じています。

和歌山ベンジジン訴訟最高裁判決（1993年（平5年）2月16日）（抜粋）

一　上告代理人の上告理由第一点について
　　（中略）
　労働者災害補償保険法に基づく保険給付の制度は、使用者の労働基準法上の災害補償義務を政府が保険給付の形式で行うものであるから（最高裁昭和50年（オ）第621号同52年10月25日第三小法廷判決・民集31巻6

号836頁)、本件被災者らの疾病が、労働者災害補償保険法による保険給付の対象となるといえるためには、右疾病が、労働基準法による災害補償の対象となるものでなければならない。そこで、労働基準法による災害補償の対象となる疾病の範囲についてみるに、同法は、広く、業務上の疾病を災害補償の対象とするものであり（同法75条ないし77条）、同法附則129条は、その文理からして、右の業務上の疾病のうち、同法施行前に疾病の結果が生じた場合における災害補償については、なお旧法の扶助に関する規定による旨を定め、右の場合のみを労働基準法による災害補償の対象外としているものと解されることにかんがみると、労働基準法の右各規定は、同法の施行後に疾病の結果が生じた場合における災害補償については、その疾病が同法施行前の業務に起因するものであっても、なお同法による災害補償の対象としたものと解するのが相当である。

　所論は、労働基準法に基づく使用者の災害補償責任は、使用者が労働契約に基づき労働者をその支配下に置き労務の提供をさせる過程において、労働者が負傷し又は疾病にかかるなどした場合に、使用者にその損失を補てんさせる点にその本質があるのであるから、使用者は、その責任の根拠となる業務上の事由が生じた時点における法規に基づく責任を負担するにとどまるものであると主張するが、災害補償責任の本質が右のようなものであるからといって、可及的に被災労働者の救済を図るという見地から、労働基準法の施行前に従事した業務に起因して同法施行後に発病した場合をも同法の適用対象とすることが許されないとすべき理由はない。

　そして、労働者災害補償保険法もまた、同法の施行後に疾病の結果が生じた場合については、それが同法施行前の業務に起因するものであってもなお同法による保険給付の対象とする趣旨で、同法附則57条2項において、同法施行前に発生した業務上の疾病等に対する保険給付についてのみ、旧法によるべき旨を定めたものと解するのが相当であり、健康保険法の一部を改正する等の法律（昭和22年法律第45号）附則3条ないし5条の規定の文言も、右解釈の妨げとなるものではない。また、一般に、保険制度に基づく保険給付は、本来、費用負担者から拠出された保険料を主な財源とするものである以上、保険制度が発足する以前に原因行為があり、結果がその発足後に発生した場合に、これを保険事故として保険給付をすることは、例外的な扱いであるといわなければならないが、業務上の事由によって被害を受けた労働者

に対する補償を実効的に行うことを目的として労働者災害補償保険制度が導入されたことなどから考えると、前記のように、労働者災害補償保険法がこれを保険給付の対象としたことには、合理的な理由があるものということができる。

そうすると、労働者災害補償保険法施行後に生じた本件被災者らの疾病は、本件被災者らがベンジジンの製造業務に従事した期間が同法施行前であるからといって、同法7条1項1号所定の業務上の疾病に当たらないということはできず、同法12条の8所定の保険給付の対象となり得るものというべきである。

以上と同旨の原判決は、正当として是認することができる。論旨は採用することができない。

二　同第二点について

本件不支給決定の理由は前示のとおりであり、上告人は、本件被災者らの疾病が第一審判決別表（一）記載のベンジジン製造業務就労事業場における業務に起因するものであるか否かの点については調査、判断することなく、専ら本件被災者らが右業務に従事した期間が労働者災害補償保険法の施行前であることを理由に、本件不支給決定をしたことが明らかである。被災労働者の疾病等の業務起因性の有無については、第一次的に労働基準監督署長にその判断の権限が与えられているのであるから、上告人が右の点について判断をしていないことが明らかな本件においては、原判決が、本件被災者らの疾病の業務起因性の有無についての認定、判断を留保した上、本件不支給決定を違法として取り消したことに、所論の違法はない。論旨は採用することができない。

〔2〕労災認定に対する事業主の不服申立て

労働基準監督署長の個別事例に関する不支給決定の取消を求める行政事件訴訟に関し、労災認定によりメリット制の不利益を生ずるという考え方により、当該訴訟に使用者が参加できるようにすべきであるという主張がかねてからみられています。最近においても 2022 年（令 4）11 月 29 日、

東京高等裁判所が、事業主による労災保険支給決定に対する事業主による取消訴訟の原告適格を認めずに訴えを却下した東京地裁判決を破棄し、事業主による原告適格があることを前提として、地裁に実体審理を行うために差し戻す判決を出しました。2024年（令6）7月4日、国の上告に対して最高裁判所は、事業主は「労災認定に対する不服申し立てはできない」とする初めての判決を出しました。

一方、厚生労働省の「労働保険徴収法第12条第3項の適用事業主の不服の取扱いに関する検討会」においては、2022年（令4）12月13日（上記東京高裁判決の直後）、要旨次のような報告書をとりまとめました。
① 労災保険給付支給決定に関して、事業主には不服申立適格等を認めるべきではない。
② 事業主が労働保険料認定決定に不服を持つ場合の対応として、当該決定の不服申立等に関して、以下の措置を講じることが適当である。
　ア　労災保険給付の支給要件非該当性に関する主張を認める。
　イ　労災保険給付の支給要件非該当性が認められた場合には、その労災保険給付が労働保険料に影響しないよう、労働保険料を再決定するなど必要な対応を行う。
　ウ　労災保険給付の支給要件非該当性が認められたとしても、そのことを理由に労災保険給付を取り消すことはしない。

厚生労働省は、この報告書の内容に沿って、上記東京高裁判決後の2023年（令5）1月より次の運用をすることとしました。上記最高裁判決の後も厚生労働省はこれを維持すると報道されています（2024年（令6）7月5日朝日新聞）。
① 労災認定への不服申立ては認めない。
② 労災認定後の保険料引上げ決定に対する不服申立てを行うことは認め、不服が認められれば保険料引上げは取り消される。この場合でも労災認定の取消しは行わない。

労災保険給付支給決定について事業主に不服申立適格等を認めることになると、労働基準監督署長による労災認定の不安定性、請求人等の負担や不安の増大、その他の不都合が生じ、労災補償制度の信頼性を失いかねず、これを認めるべきではないと考えられますので、最高裁判決の内容は当然のことと思われます。

第4節　労災認定における留意事項

〔3〕治療機会の喪失

　業務上か否かを問わず傷病により治療を必要とする労働者が、就労の必要性により治療を受けられなかったために、著しく増悪し、又は死亡した場合、このような事例の相当因果関係の有無についてどのように考えるべきか、という課題があります。

　このような事例においては、発症後すぐに治療していれば著しい増悪又は死亡をきたさなかったであろうことが、医学的資料や医学上の見解等により高度の蓋然性をもって立証された場合には、相当因果関係の存在を認めるべきです。

　傷病により治療を必要とする状態になった後においても労働者に就労の義務があるとするのは不適当であり、当該労働者が自分の判断であえて無理をして就労したような場合、業務に内在ないし通常随伴する危険の現実化とは考えにくいものです。

　しかし、当該労働者以外にはその業務を遂行できないなど、就労の必要性が強く認められるような場合に就労して著しく増悪し、又は死亡したときには、これを業務に内在ないし通常随伴する危険の現実化とみることは可能であると考えられます。

　判例においても、次のような事例があり、相当因果関係の存在を認め得るとしています。

〇　地方公務員の不安定狭心症及びその後の心筋梗塞に関する1996年（平8）1月23日最高裁第三小法廷判決（裁判集民事178号83頁、判時1557号58頁）
〇　地方公務員の特発性脳内出血に関する1996年（平8）3月5日最高裁第三小法廷判決（裁判集民事178号621頁、訟月43巻5号1316頁、判時1564号137頁）

　なお、どの程度の就労の必要性があれば相当因果関係が認められるかの判断基準の設定は、現時点では困難であり、今後の労働法学的研究や裁判例の積重ねが必要です。

　また、最近において「治療と仕事の両立支援」という政策が展開されています。当初は労災病院の医師らが純粋な志しでがんなどの罹患者の就労支援を行っていましたが、その後、少しでも働いて国民総生産の増大につ

ながれば政府の経済政策に合致するものとして歓迎され、大きな予算がつくようになっています。しかし、この政策の行き過ぎによって職場復帰を急がせ、疾患の増悪などを招くことも危惧されます。また、本政策の実施状況等を示す統計資料などは見当たらず、国民の監視が困難になっていることも不安材料です。筆者は、本政策に関連する労災請求の有無や労災認定の有無の情報は得ていません。原則的な認定の考え方を検討しておくのが望ましいと思われます。

〔4〕医療実践上の不利益に基づく補償

業務上疾病が存在するために、それとは別に生じたいわゆる私傷病の診断、治療に不利益を及ぼすことがあります。このことが明確である場合には、当該私傷病を業務上疾病として取り扱う必要があります。

このような事例として、過去に、じん肺に合併する肺がんを業務上疾病として取り扱った時期がありました。[8]

1978年（昭53）11月2日基発第802号「じん肺症患者に発生した肺がんの補償上の取扱いについて」（以下「1978年通達」という。後に廃止）は、同年10月の「じん肺と肺がんとの関連に関する専門家会議検討結果報告書」に基づいて示されました。これは、じん肺と肺がんの因果関係を認めたものではなく、次のような医療実践上の不利益を考慮してじん肺管理区分が管理4又は管理4に相当するじん肺症患者に合併した原発性肺がんを業務上疾病として取り扱うこととしたものです。

① エックス線写真等の画像診断においてじん肺の陰影があるために、肺がんの早期診断がしばしば困難であること。
② じん肺による肺機能の低下があるために、肺がんの内科的治療としての抗がん剤の使用、外科的治療としての手術の適応が狭められること。
③ じん肺と肺がんの両者の存在のもとでは一層予後を悪くすること。

当該肺がんは、業務上疾病を規定する労働基準法施行規則別表第一の二の第5号や第7号18（当時の規定の職業がんの「その他」）ではなく、「第9号 その他業務に起因することの明らかな疾病」（現行規定では第11号）として取り扱いました。

この通達の発出の頃から、じん肺管理区分が管理2や管理3の者に発生

した肺がんの労災請求の不支給決定を取り消すことを求める行政事件訴訟が提起されるようになりました。

1999年10月12日の佐伯労基署長事件の最高裁判決は、
① じん肺と肺がんとの因果関係は、現在の医学的知見では明確にされたとまではいえないこと、
② じん肺患者に発生した肺がんの補償の範囲を「管理4」に限定した局長通達は、相応の合理性を有すること

などと判示して原処分取消請求を棄却しています。

1997年に、IARC（International Agency for Reseach on Cancer 国際がん研究機構）がけい肺の原因である結晶質シリカについてグループ1（ヒトに対する発がん性がある）と評価したことを契機として、国内で種々の検討が行われました。

① 労働省が設置した「じん肺患者に発生した肺がんの補償に関する専門家会議」による2000年12月の報告書では、IARCが評価の基礎とした疫学論文を子細に検討し、シリカばく露者（珪肺登録患者を除く）の肺がんリスクはおおむね1.2～1.5程度で、珪肺登録患者の喫煙者には有意の肺がんの過剰リスクが認められましたが、非喫煙者にはこれがみられなかったとし、結晶質シリカの発がん性が明らかにされたとは言い難いとしました。

② （公社）日本産業衛生学会の許容濃度等委員会は、2001年、IARCが結晶質シリカについてグループ1と評価したことを支持し、「許容濃度等の勧告」の発がん性分類表の「1」とする提案をしました（産業衛生学雑誌43(4),133-144）。

③ 労働省が設置した「じん肺有所見者の肺がんに係る医療実践上の不利益に関する専門検討会」による2002年3月の報告書では、多数の症例収集を行って検討した結果、じん肺管理区分が管理3の者にも明らかな医療実践上の不利益が存在するとしました。この報告を受けて厚生労働省は、1978年通達を廃止し、じん肺管理区分が管理3又は管理3相当の者に発生した肺がんも業務上疾病として取り扱うこととし、2002年3月27日基発0327005号「じん肺有所見者に発生した肺がんの労災補償上の取扱いについて」（以下「2002年通達」という。）を発出しました。

④　厚生労働省が設置した「肺がんを併発するじん肺の健康管理等に関する検討会」による 2002 年 10 月の報告書では、19 の疫学文献のメタアナリシス（総合評価を行う疫学手法）の結果、肺がん発生リスクは 1.32 で有意性があった、じん肺の所見のないシリカばく露者の 8 つの疫学文献のメタアナリシスの結果、肺がん発生リスクは 0.97 で有意性はなかった、じん肺有所見者の 13 の疫学文献のメタアナリシスの結果、肺がん発生リスクは 3.52 で有意性が認められたことから、じん肺病変が認められじん肺管理区分が管理 2 以上と決定され、又は管理 2 以上に相当するじん肺と原発性肺がんとは因果関係があると結論しました。そして、じん肺病変が確認された後に発生した肺がんは業務上発生したとみなして健康管理を行うべきであるとしました。この報告を受けて厚生労働省は、じん肺法施行規則第 1 条に定めるじん肺の合併症に「原発性肺がん」を追加し、じん肺健康診断にも必要な検査を追加するとともに（2003 年（平 15）1 月 20 日基発第 0120003 号）、健康管理手帳の対象者の範囲をじん肺管理区分が管理 2 以上の者に拡大しました（労働安全衛生規則第 53 条の改正）。労災補償においても、2002 年通達を廃止し、じん肺の所見を有する者に発生した肺がんを業務上疾病の範囲を定める労働基準法施行規則別表第一の二第 5 号に該当するものとしました。

　以上の経過により、じん肺の所見を有する者に発生した肺がんについては、医療実践上の不利益に基づく補償の対象ではなく、じん肺と肺がんの因果関係が解明されたことによる労災補償の対象としての業務上疾病と位置付けられました。

　その後においては、医療実践上の不利益に基づいて業務上疾病として取り扱う課題は生じていませんが、1999 年 10 月 12 日の佐伯労基署長事件最高裁判決において 1978 年通達は相応の合理性を有すると判示されたことから、考え方としては今後にも適用され得るものと考えられます。

〔5〕出張中の傷病等[1]

　出張とは、一般に事業主の包括的又は個別的な命令によって特定の用務を果たすために、通常の勤務地を離れて用務地へ赴いてから、用務を果たして戻るまでの一連の過程を含むものをいいます。このような出張には、

その目的、方法、当該事業の種類、その事業における慣行等により種々の態様があります。

　出張中は、労働者がその用務の成否や遂行方法等について包括的に事業主が責任を負っていると考えられますから、特別の事情がない限り、事業主の支配下にあるといえます。しかしながら、出張中は事業主の施設管理下を離れていますから、その間の個々の行為ないし不随行為については事業主の拘束を受けておらず、出張者の自由意思にゆだねられており、その間には、様々な私的行為が行われ得るものであり、積極的な私用・私的行為、恣意的行為等による傷病等は業務遂行性が認められず、相当因果関係が認められません。

　個々の事例ごとの判断は、傷病等の原因となった行為等の諸事情を精査して行われるべきものです。特に外国出張の場合には、言語や生活習慣の相違、職務遂行上の制度や慣行の相違など心理的ストレスを生じやすい労働環境にあることを十分に考慮する必要があります。

〔6〕企業スポーツ選手の傷病等

　労働者性の認められる企業スポーツ選手が競技中や練習中に傷病を負った場合の業務起因性については、2000年（平12）5月18日基発第366号「運動競技に伴う災害の業務上外の認定について」が示されています。
　その要旨は、次のとおりです。
ア　運動競技が労働者の「業務行為」またはそれに伴う行為として行われ、かつ労働者の被った災害が運動競技に起因するものである場合は、「業務上」と認められます。
イ　「業務行為」は、次のものが該当します。
　①　「対外的な運動競技会」への出場
　　　競技会への出場が出張や出勤として扱われ、旅費等を労働者が負担しないことが要件とされています。「対外的な運動競技会」の具体例として、所属企業の代表選手として出場する実業団競技大会や日本代表選手として出場するオリンピックなどがあります。
　②　「事業場内の運動競技会」への出場
　　　労働者全員の出場が意図されており、競技会に出場しない場合に欠

勤と扱われることが要件とされています。「事業場内の運動競技会」は、社内運動会が想定されています。
③ 「運動競技練習」
上記①の要件に加えて、所属企業が練習場所、時間や内容を定めていることが要件とされています。
ウ 勤務時間外に行う同好会的なクラブ活動や余暇活動として行われる自主的なスポーツ活動については、「業務行為」とは認められません。
エ 業務として運動競技に従事することが必ずしも明確でない労働者の場合でも、所属企業の特命に基づき運動競技を行う場合については、「業務行為」に該当します。

3 今後の課題となると考えられる事例

これまでに行政上取り扱ったかどうか、事例があるかどうか筆者が把握できていない事例として次のようなものがあり、今後検討する必要が生ずる可能性があります。

〔1〕宇宙線による健康障害

既に韓国ではCA（キャビンアテンダント、航空機客室乗務員）が宇宙線の被ばくにより健康障害（がん）を生じ、複数例が労災認定されたとの報道があります。このような事例が生ずると、宇宙線には日本国内の法令で電離放射線の定義の範囲を逸脱する種類の放射線が含まれる可能性があり、十分な検討が必要になると考えられます。

〔2〕傷病等に該当しない健康影響への対処

これまでの労働基準法、労働者災害補償保険法の労災補償の対象は、負傷、疾病、障害及び死亡であり、例外としては労働者災害補償保険法に定める二次健康診断等給付があります。

最近に問題になっていると思われる事例に、一定の放射性物質を含む液

体を労働者が浴びた事例があります。体内に取り込まれた放射性物質を低減させるための治療行為がなされるようです。このような場合、電離放射線障害を発病していなければ、療養補償給付（治療費）などは支給できない法律上の建付けになっています。実際のこのような事例に対して何らかの行政措置が講じられている可能性はありますが、報道発表などはなされていないようです。

　今後の対応としましては、上記の例外として記述した二次健康診断等給付制度のような措置を労働者災害補償保険法の中に設けるという方法があります。この法律改正までの暫定的な措置としては、労災請求前に職業性疾病にかかったとする労働者からの相談に対し健康診断や作業環境測定を国の費用で行うための通達として 1976 年（昭 51）8 月 9 日基発第 571 号「職業性疾病の疑いのある労働者に対する診断サービス及び所属事業場の環境測定等の実施について」がありますので、類似の措置を講ずることも検討する余地があります。既に具体的な事例が発生していますので、速やかに適切な措置を講じる必要があると考えられます。

主な引用文献

1) 村上茂利（1960）労災補償の基本問題、日刊労働通信社
2) 岡実（1917）工場法論改訂増補第 3 版、㈱有斐閣
3) 法務省訟務局内労災訴訟実務研究会編（1998 年）新・労災訴訟の実務解説、〔社〕商事法務研究会発行
4) 長谷川鋠一郎（1956）災害補償法研究　業務災害認定の理論と実際、保健同人社
5) 労働省労働基準局編著（1997）労災保険業務災害及び通勤災害認定の理論と実際（上巻）、〔財〕労務行政研究所
6) 労働省労働基準局（2000）労働基準法（下）労働法コンメンタール 3, p785、〔財〕労務行政研究所
7) 最高裁判所事務総局（1997 年）労働災害補償関係事件執務資料、労働関係民事・行政裁判資料第 41 号
8) 日本産業衛生学会労働衛生史研究会、石井義脩ほか（2024）わが国におけるじん肺に合併した肺がんの労災補償制度の変遷、産業衛生学雑誌、66(4)、143-154

第3章　公正な労災認定

　本章は、公正な労災認定が行われるようにするため、労災補償の実務を行う担当者・責任者の留意すべき事項、その仕事への取組姿勢・心構えなどを明らかにし、併せて取り組むべき政策の方向などを提言しようとするものです。

第1節　労災認定実務の基礎

1　医学への理解

　労災認定、とりわけ業務上疾病のそれは医学的な検討が欠かせません。労災認定の実務を行う行政担当職員は、医学的には素人であるので、外部の医学専門家に検討を依頼せざるを得ません。しかしながら、全ての労災請求事例について個別に医学専門家に検討を依頼することは、被災労働者・遺族の迅速な救済の観点から現実的ではなく、このため、可能なものについては医学的見解に基づいて認定基準を策定してこれにより判断をする方式がとられています。

　認定基準策定は、厚生労働本省において医学専門家を構成員とする検討会を設置し、議論していただき、多くはその報告書に基づいて策定しています。しかし、認定基準を絶対視し、機械的なあてはめや硬直的な判定は避けなければなりません。

〔1〕EBM（根拠に基づく医学・医療）

　従来から当然のことでありましたが、近年になってEBM（evidence based medicine　根拠に基づく医学・医療）が再認識されるようになりました。労災補償においては、労働基準監督署長が不支給決定をした場合に審査請求、再審査請求を経て当該不支給決定の取消を求める行政事件訴訟が増加しつつあります。国民の権利意識の向上などが背景にあるとみられます。このため、訴訟に至っても不支給決定について適切な説明を行う必要があり、医学的な説明も行うことができるように、労働基準監督署長の支給・不支給決定の際に医学的根拠を確認しておくことが本来必要です。しかしながら、労働基準監督署には医学を理解する職員がいないため、判断が困難な事例については外部の医学専門家等の意見を聴くことにより、公正な認定の確保に努めています。

　とはいえ、労働基準監督署等の職員がネット情報や既存の単行本（医学

書を含む。）を調べて医学的判断を含めた判断を行うことは極めて不適当です。これらの情報には、その記述についての医学的根拠を示していないものが少なからずあるからです。厚生労働省や中央労働災害防止協会など信頼できる組織が執筆・監修・発行している書籍でも医学情報についてその根拠を示していない記述については、裁判になった場合に準備書面や証拠として活用できません。

信頼できる医学情報には、次のような優先順位があることを理解することが必要です。

① まず第一に信頼できる医学情報は、大学、研究所、学会等が発行する学術誌に掲載される原著論文です。大学、研究所等の研究者が学問的に適切な方法により研究を行った結果を論文化して投稿し、学術誌ごとに設置されている大学、研究所、学会等の学者集団から構成する審査委員会（編集委員会など名称はまちまち）が審査して合格となったものが学術誌に掲載されることになります。学者集団による評価がなされることが重要です。個人や団体等が執筆している解説書、ネット情報などの中には、有害性情報が掲載されていてもその医学的根拠が示されていないものが少なくなく、公正な労災認定を主張する際の証拠にはなり得ないと知るべきです。

② 次に信頼できる医学情報は、学術誌等に掲載される総説論文であり、多くの論文を引用してその時点における医学の最新の見解、医学の到達点等が説明されており、行政職員には活用しやすい医学文献です。このような総説論文も審査委員会等による審査を経て学術誌等に掲載されます。

③ 三番目にあげるとすれば、厚生労働省が医学の専門家を構成員として開催する検討会、専門家会議等の報告書です。個人の見解ではなく学者集団によって医学的事項をまとめた報告書になっています。労災補償行政においては、業務上疾病リスト（労働基準法施行規則別表第一の二及び関連告示）を改正する場合、認定基準を策定・改正する場合などに検討会等が開催され、数回以上の検討を経て報告書が公表されています。

〔2〕量－影響関係

　専門家で構成する検討会においても、事例の収集や医学文献による検討がなされますが、それより前に、必要な医学的研究がなされなければなりません。最近においては、労災補償に必要な一定の医学的テーマについて民間企業の研究機関等に丸投げして報告書をまとめる方式もみられますが、必要なポイントが必ずしも的確に絞られていないことがあります。例えば、労災認定における重要なポイントは、有害因子にどの程度ばく露するとどのような症状などの影響が顕われるか、あるいは療養を必要とする疾病が生じるか、すなわち量－影響関係の解明です。業務上疾病の認定においては、この量－影響関係が最も重要な医学上のポイントです。鉛中毒など既に確立した量－影響関係が見い出されているものがありますが、労災認定の解説書「労災保険　業務災害及び通勤災害認定の理論と実際」にはかつては鉛中毒に係る国際的なコンセンサスの得られている量－影響関係が示されていましたが、その後の改訂版では削除されています。量－影響関係が重要なポイントであることを理解していないためであると思われます。また、近年新たな職業がんが続発しています。この場合にはそもそもばく露物質に発がん性があるかがもとより重要であり、疫学調査結果や動物実験結果等を検討する必要がありますが、これに加えてどの程度のばく露があればがんが生ずるか、という量－影響関係も認定するためには重要な要素です。

　このような量－影響関係を労災認定に取り入れるためには、厚生労働省が予算を拠出している厚生労働科学研究費により、量－影響関係の研究を促進し、総説論文のような研究結果を見い出すようにする積み重ねをしなければなりません。

〔3〕医学情報と労災認定事例

ア　インジウム化合物による呼吸器疾患

　2000年に関東地方の某労働局からインジウム化合物ばく露労働者が呼吸器疾患により死亡した労災請求事例の業務起因性の判断について本省に協議がありました。筆者が、根拠文献がきちんと示されている医学書の「産

業中毒便覧」(1977年医歯薬出版)を参照したところ、インジウム化合物によるヒトに対する有害性情報が全く記載されておらず、新たな産業中毒であるかも知れないと考えました。某大学医学部公衆衛生学講座では半世紀以上にわたって各種の金属中毒の研究に取り組んでおり、当該講座の教授にご意見をいただくのが適当であると考えて、部下の係長に同教授に意見書執筆の依頼をするよう指示していたところ、同教授から臨床医学者の協力を得るとともに現場調査なども行って緻密な意見書をいただき、業務上疾病であると判断することができました。インジウム中毒のわが国最初の認定事例になりました。

イ　トリクロロエチレンばく露労働者の腸管嚢腫様気腫症

　2005年頃、筆者は知合いの某労働基準監督署長から、トリクロロエチレンばく露労働者に生じた腸管嚢腫様気腫症の労災請求を受けたとして関連する医学情報の提供の依頼を受けました。筆者は1985年～1990年の学術誌「産業医学」(現・産業衛生学雑誌)に症例報告や動物実験結果の論文等が掲載されていたのを記憶していたことから、これらの論文等数点のコピーを同署長に送ったところ、後日に、送付された数点の論文だけを根拠に労災認定した旨を聴かされました。筆者としては、これらの論文は症例報告などであるのでトリクロロエチレンばく露と腸管嚢腫様気腫症との間の因果関係までは十分に確立したとは言えず、当然に大学教授などの専門家に意見書の執筆を依頼するものと考えていましたが、意見書執筆の依頼はせず、これらの文献だけを根拠にしたと聴いて驚いてしまいました。前記の論文等以外には医学情報がほとんどないので、もう少し丁寧な検討が必要であったと思われます。なお、後年になって関係する医学論文の学術誌掲載の追加がなされています。

2　不公正な考え方の排除

〔1〕政策論の介入の排除

　労災請求に対する支給・不支給の決定は、個々の事例ごとに「業務上」の要件に該当するか否かのみによって行うべきです。にも拘わらず、他の要素を考慮しようとする行政対応が少なからず見受けられます。その一つが政策論といえるような要素です。

　筆者が中心になって認定した「精神障害労災認定第一号　設計技術者の反応性うつ病の自殺未遂」（1984 年（昭 59）2 月 21 日東京・中央労働基準監督署長認定。ただし、判断は労働本省）の事例に関し、労働本省の筆者の周囲の労災補償担当者からは「新しい分野（精神障害）を認定し、たくさん労災請求が出たら困る。裁判で負けるまで認定するな」、予防を担当する部署の幹部からは「予防対策を全く行っていないのだから認定するのは反対である」といった趣旨の発言がありました。

　これらの発言は、労災認定の基礎的な理解がないために行われたものです。すなわち、認定に際しては、「業務上」に該当するか否かのみで判断しなければならないのに、他の要素を理由に認定に反対したのです。具体的には次のとおりです。

① 　たくさん労災請求が出たら困るというのは、業務量が増えて困るという意味と労災保険経済が赤字になると困るという意味が考えられます。これらの要素は労災認定に際して紛れ込ませてはならないことです。
② 　予防対策が皆無であるというのも一種の狭い視野の政策論であり、労災認定には無関係です。ちなみに、上記の事例をきっかけとして予防対策担当部署が「メンタルヘルスケア研修会」を全国的に行うという予算を確保してメンタルヘルス対策を開始しています（1985 年度（昭 60）〜）。

〔2〕経済論の介入の排除

　昭和20年代の後半の一時期には、産業の復興に伴う労働災害の急増があり、また、労災保険未加入の事業主が少なくなかったことから、単年度で労災保険経済が赤字になりました。また、昭和50年代前半の一時期には、振動障害とじん肺症・じん肺合併症の労災認定数がピークになり、単年度で労災保険経済が赤字になりました。

　これらの時期には、本省の労災担当の主に課長補佐クラスの職員の間に危機感を感じて「できるだけ労災認定しないのがよい」といった空気が生じていたようです。

　公正な労災補償によって赤字が生じたのであれば、それは労働災害を発生させた事業主の責任であり、事業主が国に支払う労災保険料を引き上げることによって対処するのが適切であると考えられます。

　したがって、労災保険経済の動向を理由とするような考え方は間違っており、労災認定に影響を及ぼしてはならないのです。

〔3〕認定しないのがよいとする同調圧力の排除

　一般国民の間では、1988年（昭63）以降の過労死問題が相当強烈であったことなどから、労災補償行政は「労災認定に後ろ向きである」という認識が広く存在します。過労死問題とは、その前年の1987年（昭62）10月に過労死（脳・心臓疾患）の認定基準を改正した結果、新たな認定基準では認定されるべき事例のうちの多くが認定されなくなるという社会的批判が生じ、国会審議、マスコミその他によりこの問題が取り上げられたことをいいます。この点についての筆者の認識は、次のとおりです。
① 　国家公務員のほとんどは、無意識のうちに自分の立場でしか物事を考えることができず、国民や労働者など行政の受益者の立場に立って考えることはできないのです。とりわけ労働者の保護を目的とする厚生労働省の労働基準行政の職員としての認識、自覚、志に欠けていると思わざるを得ません。
② 　労災補償行政に関係するものとして、被災労働者・遺族の支援者、支援団体の存在があり、これらの支援者等が被災労働者等を支援する活動

を行っています。労災補償行政担当職員は、支援者等は陳情、国会質問、訴訟支援などにより行政（自分たち）に迷惑をかけるけしからぬ存在であると認識しているのです。上記①の「自分の立場でしか物事を考えることができない」という思考形態とあいまってこのようにお粗末な考えに立ってしまうのです。支援者等は当然の権利を行使しており、行政はこれらの支援行為に対応するのは当然の使命なのですが、感情が先走りしていると思われます。

行政側がこれらの支援団体等の動きに感情的に反発する姿勢がしばしば見受けられ、できるだけ認定しないようにするのがよいという考え方が労災補償行政における同調圧力にさえもなっているとみられます。

本省の動向は、地方の労働局・労働基準監督署の労災担当職員にも敏感に伝わるものであり、これらの職員にも同様の考え方が広まっています。

③　このような問題については、局長等の幹部が問題の所在を把握できておらず、したがって部下に対する適切な指導もできていない状況があります。幹部職員は、これを認識して労災補償行政の体質の改善に取り組まなければなりません。

〔4〕不誠実な行政職員の対応

2022年（令4）10月23日、朝日新聞社会面のトップ記事として、「労災申請書渡されず、男性自殺」という見出しの報道がありました。職場で横領を疑われて解雇され（2019年4月）、うつ病の症状が出たとして労災請求書を希望した50歳代の男性に、鹿沼労働基準監督署（栃木県）の職員が「（認定は）ハードルが高い」と繰り返し（同席した妻が録音）、請求書の様式を渡さず、男性は3か月後（2019年8月）に自殺、遺族が労基署職員の対応が注意義務に違反したとして国に330万円の損害賠償を求めて東京地裁に提訴した（2022年10月）、というものです。なお、自殺後になされた労災請求（2019年8月）に対しては、労災認定されました。

本件提訴の結果がどのようになろうとも、上記が事実であれば労基署職員の対応は極めて不誠実なものであるといえます。このような事態の発生原因について考察するに、精神障害に係る労災請求がなされると、労基署

職員は、発症時期を特定したうえでその時期から6か月間さかのぼって精神障害発症に関連する種々の事実を調査する必要があり、決定に至るまでに相当な業務負担があります。そのため、「苦労したくない」という「単純な思い」から上記のような行動をとったことが考えられます。しかし、「単純な思い」を持つに至る背景、原因があるはずであり、これについて考えてみるに、労基署職員に、自分の仕事の意義が理解できておらず、すなわち労働者保護行政に携わっているという「志」がないことが最も重要な要因であると考えられます。これは本人の責任というよりは、労災補償行政の怠慢があり、若いときからの研修が不十分であること、日頃の上司等の指導が不十分又は不適切であり、文書や口頭で注意するだけではなく、平素の言動の配慮や気配り・目配りを実践することなどが欠けているものと考えられます。

　上記〔1〕～〔4〕のように極めて低いレベルの記述をすることは誠に残念ですが、本省の局長等の幹部は、これらの動向を適切に把握して労災補償行政の体質改善をするように職員を指導しなければなりません。

第2節　本省における実務

1　業務上疾病リストの改正

〔1〕定期的な検討の確保

　業務上疾病リストは、1947年（昭22）に制定された労働基準法施行規則第35条本文に定められていましたが、制定以降31年間一度も改正がなされず、同条第37号に基づく告示も一度も示されませんでした。高度経済成長期の期間中には新たな職業病は少なからず発生してきましたが、全て同条第38号の「その他業務に起因することに明らかな疾病」に該当するものとして労災認定されてきたのです。このような運用では、新たな職業病に該当するものにはどのようなものがあるのか、については罹患した労働者はもちろん、事業主なども分からないのです。労災請求すべ

きかなども分からない状況が続いていたのであり、怠惰な行政姿勢・行政体質には驚かされます。労働基準監督署などで労災認定の実務に従事する職員は法令を見ることはほとんどなく、認定基準などの通達ばかりを頼りに仕事をしてきましたので、「通達行政」などと揶揄されていました。通達は本来行政内部文書であり、多くは公表されていますが、被災労働者等はなかなか見ることができません。21世紀になってホームページが立ち上がるようになっても厚生労働省のホームページは複雑で探しにくいので現状でも通達を見ることはほとんどできません。なお、「法令」とは「憲法」、国会で定める「法律」、法律の規定に基づいて内閣が出す「政令」、担当の中央省庁が出す「省令」、担当の大臣が出す「告示」をいいます。認定基準が含まれる「通達」は法令の解釈や説明、あるいは行政上の指示などを中央省庁の局長、部長等の幹部が示す文書で、法令ではありません。

　このような状況が30年以上も続けられてきたのは、前記の「行政官は無意識のうちに自分の立場でしか物事を考えることができない」ことが背景にあり、通達により自分の仕事を進めることは可能であると無意識のうちに考えており、被災労働者等の行政の受益者の立場に立つことができないために、新たな業務上疾病が生ずれば、これを国民に知らせるために法令による業務上疾病リストに追加しなければならないという考えに思い至らないのであると思われます。

　1975年（昭50）8月から大きな社会問題になった六価クロム問題をはじめとする各種の職業がんがその数年前から続発して見出されるなどにより、当時の労働省労働基準局は職業性疾病対策が最重要課題でした。その取組み課題の一つとして、1976年（昭51）5月から業務上疾病リストを定める労働基準法施行規則第35条の全面改正に着手しました。筆者は改正作業の担当係員の一人として参画しました。

　1978年（昭53）3月9日の中央労働基準審議会と労働者災害補償保険審議会の業務上疾病リストの全面改正に係る答申には、改正条文案の修正に加えて、制定以降31年間一度も改正がなされなかった経過を認識して次のような記述がなされました。

労働基準法施行規則第35条の全面改正に関する中央労働基準審議会・労働者災害補償保険審議会の答申（1978年（昭53）3月9日）（抜粋）

1　改正省令要綱の内容について（略）
2　労働基準法施行規則第35条の運用等について
　労働基準法施行規則第35条の定期的検討、その過程における労使及び専門家の意見聴取、業務上疾病の認定体制等に関しては、下記の点に十分配慮すべきである。
(1) 改正省令の施行に関連して今後においても新しい疾病の発生等に対処しうるよう定期的に本規定及びこれに基づく告示の検討を行うため、あらかじめ中央労働基準審議会及び労働者災害補償保険審議会の意見を聴いて医学専門家による委員会を設置し、その委員会の検討結果については、両審議会に報告すること。なお、上記委員会については、できる限り早い機会に発足させ、次回の業務上疾病の範囲についての検討審議をできるだけ速やかに行うことが望ましいこと。
(2) 寒冷な場所における自律神経失調疾患等の疾病、過労による脳疾患・心疾患、ストレスによる消化器疾患・精神神経疾患、改正省令案要綱に例示された以外の職業がんその他改正省令案要綱の審議の過程において問題提起のあった疾病については、定期的検討の一環として、今後さらに検討すること。
(3) ～ (7) 略

　この答申に基づいて、1978年（昭53）12月1日に労働基準法施行規則第35条定期検討のための専門委員会（座長の坂部弘之先生を含めて専門家の委員13人）が設置されました。当初は開催頻度は決めておらず第2回委員会の開催は2年後に検討課題が生じてからでした。
　1981年（昭56）4月に筆者が担当係長になると、上記答申の(2)に記載された宿題としての検討課題に順次取り組む必要があると考え、「寒冷な場所における自律神経失調疾患等の疾病」の検討をはじめとして頻回の開催をするようになり、課題ごとに報告書をまとめるようになりました。

検討可能な課題が一段落すると、改正後の業務上疾病リストの「その他」の包括救済規定に該当するとして労災認定した事例を全て労働本省に報告させていましたので、これを整理した資料を作成しました。この資料を上記の専門委員会に提出し、同じ疾病の認定件数の多いものなど、詳しく審議すべきものを洗い出して検討し、課題ごとに継続的に開催し、報告書をまとめていました。なお、「その他」の包括救済規定とは、第2号13物理的因子による疾病の「その他」（改正当時。以下同じ。)、第3号5作業態様による疾病の「その他」、第4号8化学物質等による疾病の「その他」、第6号5感染症の「その他」、第7号18職業がんの「その他」、第9号全体の「その他」を指します。

　包括救済規定に該当する労災認定事例は毎年度報告を整理した資料の作成が可能ですので、これを材料とした検討を行うため、毎年1回の委員会開催をするようにしていました。1978年3月の答申の趣旨の一つである「定期的検討」を確保するためにも少なくとも毎年1回の開催が必要でした。しかし、担当者が替わり、そのうちに座長も交代になったことなどから、定期的検討の趣旨は忘れられ、業務上疾病リストに追加すべき新たな職業病が生じても開催しないという怠惰な行政姿勢・行政体質が再び生じ始めていました。

　2008年（平20）8月、筆者はこの時点で既に厚生労働省を退職していましたが、過労死（過重業務による脳・心臓疾患）と精神障害を業務上疾病リストに明文化する必要があるとして厚生労働省の某大幹部に進言させていただきました。過労死と精神障害はいずれも年間300件ほども認定されるようになり業務上疾病として確立したといえること、このような多数の認定を「その他」に該当するとして取り扱うことは不適当であること、前記の審議会答申の宿題であること等をメモにより示した進言で、当該大幹部はこれを取り上げていただき、2010年（平22）5月7日厚生労働省令第69号「労働基準法施行規則の一部を改正する省令」によりこれらがリストに追加されたのでした。

　この際の業務上疾病リストの改正は過労死と精神障害の追加にとどまらず、いくつもの新たな疾病が追加、改正されました。このことは、業務上疾病リストに追加すべき新たな疾病が生じていたにもかかわらず、委員会（21世紀に入った頃に「労働基準法施行規則第35条専門検討会」と名称

変更）も開催せずに、業務上疾病リストへの追加の改正もしていなかったことになります。1978年（昭53）の全面改正の前の時代の怠惰な姿勢・体質に戻っていたことになります。

　今後は、行政が「開催が必要である」と考えたときだけではなく、毎年1回は定期的に労働基準法施行規則第35条専門検討会を開催するようにすべきであると思います。

〔2〕不適切な業務上疾病リストの改正（その1）

　2012年（平24）5月に、印刷業における1,2-ジクロロプロパン又はジクロロメタンのばく露による胆管がんが多発したことが報道されました。労災請求事例について厚生労働本省に専門家の検討会を設けて検討し、これまでに50例以上が労災認定されています。

　この新たな職業がんを業務上疾病リストに追加するため、労働基準法施行規則第35条専門検討会で検討のうえ審議会にも諮り、2013年（平25年）9月30日、労働基準法施行規則の一部を改正する省令（厚生労働省令第113号）によりこれを業務上疾病リストに追加しました。

　2015年（平27）12月に化学工場におけるオルト-トルイジンによる膀胱がんの発生が報道されました。上記の胆管がんに続く新たな職業がんの発生です。同様に専門家の検討会で個別事例ごとの認定の可否について検討し、労働基準法施行規則第35条専門検討会でも検討されて業務上疾病リストに追加することになりました。

　改正手続の一つであるパブリックコメント（改正案を示して国民の意見を聴くこと）において筆者は、「オルト-トルイジンにさらされる業務による膀胱がん」という案に「尿路系腫瘍とすべきである。膀胱がんとする合理的な理由があるのか」という趣旨の意見を出しました。2019年（平31）4月10日、労働基準法施行規則の改正が当初案どおりになされ、その日に厚生労働省ホームページにパブリックコメントの回答が次のとおり公表されました（下線は筆者）。

> 　労働基準法施行規則の一部を改正する省令案については、平成30年12月10日から平成31年1月9日までの間、ホームページを通じて国民の皆

様から御意見を募集したところ、1件の御意見をいただきました。お寄せいただいた御意見の概要とそれに対する回答は以下のとおりです。なお、これとは別に、本件に関係のない御意見を1件いただきました。当該意見に対する回答は差し控えます。今回御意見をお寄せいただきました方々の御協力に、厚く御礼申し上げます。

御意見等の概要	御意見に関する回答
適切な改正であると思う。本改正に賛成である。	御意見ありがとうございます。

　結局、筆者の意見は大いに関係があるのに無関係の意見として無視され、「本件に関係のない御意見」とされ、回答もなされなかったわけで、あたかも作ったような「意見」と「回答」が示されました。当時、筆者は「尿路系腫瘍」とすべきであるのは稀に尿管がんなどが発生することがあり得ることなど理由としていくつかを考えていましたが、行政当局からは何も回答がなされなかったわけです。回答（説明）がなく関係する意見はなかったとしたことは、「尿路系腫瘍」とすべきとする筆者の意見が正しいが反論できなかったことを意味するものであり、当時の責任者ら（補償課長、職業病認定対策室長ら）は、本当は「尿路系腫瘍」が正しいということを認めたことになるものです。昔からしばしば認められる労災補償行政における後ろ向きの姿勢が背景にあると考えられます。業務上疾病リストの規定の趣旨は被災労働者の労災請求を促すということにあるにもかかわらず、労災請求は少ない方がよいとか、できるだけ認定したくないと考える職員がいるのです。

〔3〕不適切な業務上疾病リストの改正（その2）

　前記のオルト‐トルイジンによる膀胱がんの発生に伴い、労働基準行政が化学工場の調査を進める中で、化成品等を製造する化学工場において3,3'-ジクロロ-4,4'-ジアミノジフェニルメタン（略称：MOCA）による膀胱がんが複数例発生していることが判明し、国が労災請求の指導をしてこれを受理のうえ専門家の検討会で審議したところ、業務との因果関係が

あるとされ、これまで10例余りが労災認定されました。

労働基準法施行規則第35条専門検討会において、
① MOCAによる膀胱がんを業務上疾病リストに追加すること、
② 脳・心臓疾患の対象疾病の一部を「重篤な心不全及び大動脈解離」とすること、
③ 第35条専門検討会の下部組織である「化学物質による疾病に関する分科会」において別途検討してきた結果の報告書が取りまとめられ、化学物質による疾病の告示を追加等の改正をする必要が生じたこと

について検討がなされました。

①は当初行政では「膀胱がん」と規定する予定でしたが、筆者の水面下の働き掛けにより「尿路系腫瘍」となりました。

③については、筆者が問題点に気づくのが遅かったために、行政の当初案のとおり改正されました。

その③に関する問題点ですが、告示に追加された化学物質には次の化学物質が含まれています。

| パラトルエンジアミン | 皮膚障害 |
| チオグリコール酸アンモニウム | 皮膚障害 |

1980年代の後半以降、業務上疾病リスト第4号9（化学物質による疾病の「その他」）では、理容師・美容師の洗髪剤・染髪剤等の使用による皮膚障害の労災認定事例が毎年度数十例に上っていることが分かっており、これを業務上疾病リストに追加することが課題であり、断続的な検討がなされてきました。

化学物質による疾病に関する分科会では、洗髪剤・染髪剤等に含まれる化学物質を特定し、その代表例として上記の表の2物質を化学物質による疾病の告示に追加すべきことを報告し、労働基準法施行規則第35条専門検討会でもこれを承認して厚生労働省に報告しました。

しかしながら、重い皮膚障害に罹って治療した理容師・美容師が、上記2物質が業務上疾病リスト（告示を含む）に追加されたことを認識し、労災請求を行うことにつなげられるでしょうか。常識的には非常に困難であると考えられます。

そこで考えた代案は次のとおりです。すなわち、業務上疾病リスト第4

号（化学物質による疾病）の分類の中には、第4号2から7までに下表のとおり化学物質の混合物による疾病が列挙されています。洗髪剤・染髪剤等は混合物ですから、これらに追加する形で例えば次のような規定を設けるのがよいのではないかと思います。

> 例文：パラトルエンジアミン、チオグリコール酸アンモニウム等を含有する洗髪剤、染髪剤等を使用する理容業務又は美容業務による皮膚障害

この例文のように、「理容業務又は美容業務」の文言を入れることによって理容師・美容師が治療が必要な皮膚障害に罹った場合に労災補償の対象になることが認識できるようになると考えられます。

> 四　化学物質等による次に掲げる疾病
> 1　厚生労働大臣の指定する単体たる化学物質及び化合物（合金を含む。）にさらされる業務による疾病であって、厚生労働大臣が定めるもの
> 2　弗素樹脂、塩化ビニル樹脂、アクリル樹脂等の合成樹脂の熱分解生成物にさらされる業務による眼粘膜の炎症又は気道粘膜の炎症等の呼吸器疾患
> 3　すす、鉱物油、うるし、テレビン油、タール、セメント、アミン系の樹脂硬化剤等にさらされる業務による皮膚疾患
> 4　蛋白分解酵素にさらされる業務による皮膚炎、結膜炎又は鼻炎、気管支喘息等の呼吸器疾患
> 5　木材の粉じん、獣毛のじんあい等を飛散する場所における業務又は抗生物質等にさらされる業務によるアレルギー性の鼻炎、気管支喘ぜん息等の呼吸器疾患
> 6　落綿等の粉じんを飛散する場所における業務による呼吸器疾患
> 7　石綿にさらされる業務による良性石綿胸水又はびまん性胸膜肥厚
> 8　空気中の酸素濃度の低い場所における業務による酸素欠乏症
> 9　1から8までに掲げるもののほか、これらの疾病に付随する疾病その他化学物質等にさらされる業務に起因することの明らかな疾病

2　認定基準の整備

〔1〕認定基準策定・改正の取組みの促進

　過重業務による脳・心臓疾患、心理的負荷による精神障害及び石綿関連疾患を除くと過去10年間余り認定基準の策定・改正は行われていません。
　2012年（平24）以降、前記のものを含めて次の新たな4種類の職業がんが日本で発生しました。
① 　2012年度（平24）〜1,2-ジクロロプロパン又はジクロロメタンによる胆管がん、累計労災認定数50人余り
② 　2015年度（平27）〜オルト‐トルイジンによる膀胱がん、累計労災認定数10数人
③ 　2015年度（平27）、ベリリウムによる肺がん、累計労災認定数1人
④ 　2020年度（令2）〜3,3'-ジクロロ-4.4'-ジアミノジフェニルメタン（MOCA）による膀胱がん、累計労災認定数10人余り

　これらのうち、①・②・④については、専門家で構成する検討会を設置して業務と疾病の因果関係について検討しています。そして、関係する医学文献を収集して、例えば①については「「印刷事業場で発生した胆管がんの業務上外に関する検討会」報告書」（2013年（平25）3月14日公表）としてまとめています。報告書がまとめられた時期までの各事例の印刷業における1,2-ジクロロプロパン又はジクロロメタンへのばく露期間は3年以上であり（後に2年以上でも認定されました）、ばく露濃度もある程度推定で把握されていたことから、認定基準通達を新たに策定することは可能であると考えられましたが、当時の実務担当者は、この時期にまとまって労災請求がなされており、今後の労災請求はほとんどないと考えられるし、労災請求があっても専門家の検討会で認定の可否を検討することから認定基準の策定は必要ないと言われていました。その後も労災請求の追加はありましたが、おそらく最近ではほとんどないものと思われますので、実務担当者の発言は間違いではなかったと思われます。
　しかしながら、職業がんの潜伏期間（ばく露開始〜発病の期間）は極め

て長く数十年に及ぶものもあることから10年、20年も経過してから労災請求があれば、上記の報告書は残りますが、実務担当者もいなくなるし、検討会の専門家も入れ替わらなければならないことになりますので、実例を担当した職員によってやはり認定基準は策定しておくべきであると思います。

なお、厚生労働省の担当部署では、認定基準に替えてこれに準ずる通達が出されています。前記のような職業がんについて検討会の報告書に基づいて、例えばオルト‐トルイジンによる膀胱がんについて2016年（平28）12月21日労災発「芳香族アミン取扱事業場で発生した膀胱がんの業務上外に関する検討会報告書「膀胱がんとオルト‐トルイジンのばく露に関する医学的知見」及びこれを踏まえた労災補償の考え方」が出されており、また、電離放射線被ばく者に生じた過去に労災認定事例のないがんについても同様の趣旨の通達が出されています。これらは、労働基準局長名の通達ではなく、労働基準局長に準ずる審議官（労災担当）などの名前で出されたものです。認定基準とは位置付けられていません。

これらの職業がんの労災認定の基礎になる医学的知見は、疫学的研究が主体になりますので、論文を読み込んで理解する必要がありますが、担当部署の職員が疫学論文を読んで理解することは難しいと思われたのではないかと推察しています。それでも検討会の専門家に相談するなどにより認定基準の策定は可能であると思います。

結論としては、①・②・④については認定基準を策定すべきであると思います。

なお、厚生労働省のこれまでの公表資料では、印刷業だけで胆管がんが発生して労災認定されているとしていますが、実際には、印刷業以外の業種でも認定事例が少なくとも1例あるようです。

②と④は、「芳香族化合物のニトロ又はアミノ誘導体による疾病の認定基準について」（1976年（昭51）8月4日基発第565号）という認定基準を改正すればよいことになります。

また、過去の職業がんの例を言えば、1974年に米国で塩化ビニルモノマー（単体）を重合して塩化ビニルポリマー（重合体）を製造する化学工場で同じ作業に従事していた労働者から3人の肝血管肉腫（肝臓の血管の壁にできるがん）が発生したことが報告され、世界の関係者を驚かせまし

た。肝血管肉腫は極めて少ないがんですので、同じ職種から3人も…というわけです。日本にも同様の化学工場はいくつもありますので、産業医学関係者や化学工場の産業医などもあわてて情報収集や予防対策の検討などを行った経過があります。結果から言えば、日本でも 1974 年に同じ作業に従事していた一人の労働者に肝血管肉腫が発生しており、翌年 10 月に亡くなられたときにこれが公表され、大きく報道もなされました。塩化ビニルモノマーに発がん性がありますが（後に肝臓がんの原因になることも分かりました。）、キッチンなどで扱う塩ビ製品（塩化ビニルポリマー）には発がん性はありません。

当時の労災補償の担当部署では専門家の検討会を設置して医学情報を整理して報告書を作成するとともに、個別事例について認定の可否の検討を行い、上記の最初の事例は労災認定されました。該当する化学工場では予防対策はほぼ確実に行われるようになりましたが、職業がんは、一般に潜伏期間（ばく露開始～発病の期間）が長いので、予防対策実施前の高濃度ばく露を受けた労働者が最近になって肝血管肉腫や肝臓がんを発病して労災認定される方が若干名あり、2022 年度（令 4）までの累計でも 14 人です。専門家の検討会の報告書がまとめられた際には、個別の労災請求事例は全て本省に協議させて検討会で労災認定の可否を検討する方針でしたが、上記のような理由を考慮して認定基準、1976 年（昭 51）7 月 29 日基発第 556 号「塩化ビニルばく露作業従事労働者に生じた疾病の業務上外の認定について」を策定しています。当時の専門家でご存命の先生はほとんどおられませんが、最近でも別の新たな専門家の先生方による検討会における検討の結果に基づいて労災認定されています。

〔2〕既存の認定基準の改正の必要性

次に、過去に整備された認定基準のうち改正を要するものがありますが、検討されていないいわば積み残しの認定基準がいくつかあります。
① 電離放射線に係る疾病の業務上外の認定基準について（1976 年（昭 51）11 月 8 日基発第 810 号）
　この認定基準については、かねてより、白血病の認定要件として他の職業がんの認定基準などと比べると低すぎる被ばく線量を掲げていることが

とから改正すべきと考えられています。しかし、一度設定した認定要件を、認定対象を少なくする方向に改正することは社会的批判を招きやすいとして見送られてきたものです。さらに、この認定要件の中に、例外的な場合に適用されるものではありますが、労働安全衛生法に基づく健康診断の項目であるエックス線検査による被ばく線量を加算できる場合があるとされていることも、放射線被ばくのうちの職業被ばくと医療被ばくを区別すべきとされていることに反するとして改正すべき理由の一つとして挙げられます。また、上記認定基準制定後、数十年経過しており、新たな医学的知見が積み重ねられているとともに、以前には認定事例のなかった電離放射線による新たながんがいくつも認定されており、その際には医学的知見を整理していますので、これらを考慮して改正する必要があると思われます。なお、改正すべきとする意見の中には、電離放射線障害防止規則の被ばく限度の根拠にもなっている国際放射線防護委員会（ICRP）の勧告を根拠とすべきであるというものがありますが、この勧告の設定は放射線防護が実際に可能であるかどうか、といった観点が含まれており、量－影響関係（どの程度の被ばく線量であれば放射線障害が発生するかなど）とは一致しない基準ですので、認定基準にそのまま採用することはできません。

② 振動障害の認定基準について（1977年（昭52）5月28日基発第307号）

振動障害は、1965年（昭40）頃以降、社会問題化することを繰り返してきた業務上疾病です。労働行政の労災補償担当部署ではかねてより、上記の認定基準が公正ではないから見直すべきであるという意見が多く出されており、検査方法などについて検討した時期もありましたが、改正することによる社会問題化のおそれもあり、改正を見送ってきた経過があります。別の言い方をすれば、多くの方々に納得の得られる改正の方向を見出すことができなかったとも言えます。

その間にもヨーロッパなどにおける医学的研究、工学的研究が進展してきており、特に量－影響関係の適切な評価方法が進展しているとも聞きますので、これらの知見を大いに活用することによって、公正な認定基準を策定することが可能であると考えられます。なお、これまで振動障害の労災補償に対して指導をしていただいてきた専門家の多くは、臨

床医学者でありましたので、量－影響関係や疫学などの基礎医学の専門家のご指導をより多くいただくようにすべきであると考えられます。

③ 鉛、その合金又は化合物（四アルキル鉛を除く。）による疾病の認定基準について（1971年（昭46）7月28日基発第550号）

鉛中毒は古くからある業務上疾病であり、医学的研究も十分に進められて量－影響関係も含めて国際的なコンセンサスも得られている知見の集積がありますで、検査基準など古くなっている上記認定基準を改正する必要があります。

3　調査実施要領の整備その他認定実務の支援等

〔1〕調査実施要領の整備

調査実施要領につきましては、労働基準監督署において労災保険給付の請求書を受理してから開始される労災認定のための各種調査の方法、内容等を示したものであり、労働基準監督署の労災保険担当者がこれを用いて調査することにより、必要な調査事項をもれなく調査すること、必要な調査が行われることにより適切な結論を出すこと、要領よく調査して迅速な結論を出すことなどに役立つものであり、業務上疾病の種類ごとにできるだけ多く示されることが望ましいものです。

筆者が把握している範囲では、次の調査実施要領が示されています。なお、古い時期の調査実施要領については、その後の改正の有無等が不明のものが含まれています。

1	腰痛	1976年（昭51）10月16日事務連絡第42号別添
2	電離放射線障害	1976年（昭51）11月8日基発第810号別添
3	騒音性難聴	1986年（昭61）9月25日事務連絡第47号別添
4	振動障害	1977年（昭52）5月28日事務連絡第23号別添
5	上肢障害	「頸肩腕症候群に関する調査書」が昭和時代からあるが（出典不明）使用されているかどうか不明

6	化学物質による疾病	「化学物質による疾病の業務起因性判断のための調査実施要領」があるが出典不明
7	石綿関連疾患	2023年（令5）3月1日基補発0301第1号
8	脳・心臓疾患	1987年（昭62）10月26日基発第620号別添。この通達は廃止されているが、その後調査実施要領が新たに示されているか不明
9	精神障害	2000年（平12）3月24日事務連絡第4号

　上の表の右欄にありますように、厚生労働本省から通達、事務連絡などの形で示されておりますが、古い時期に示された調査実施要領がそのまま改訂されていないものもあるようです。例えば、昭和50年代に示されたものにつきましては、これまで30年〜40年も経過しており、その間に産業の実態、労働の実態も大きく変化しておりますので、改訂をしなければなりません。このためには、業務上疾病が発生することがあり得るような産業現場の実地調査、当該産業の産業医、事業場の状況を把握している社員等への聴き取り、関連する学者等からの指導を得たりすることにより最新の産業現場の状況を踏まえた調査実施要領とするように改訂しなければなりません。

　さらに、上の表にはない業務上疾病、例えば近年多発した新たな職業がんが生じた際には一般論としてどのような調査をすべきかを示すことができれば、迅速・適切な労災認定に役立つものと思われます。この例では後の本省担当者が作成するのは困難であり、新たな職業がんの個別事例ごとの業務起因性を検討した検討会の運営に関与した職員が検討会の議論において構成員の専門家から出される追加調査の指示などを聴いているので、こうした職員が作成することが望まれます。また、そのような専門家から調査実施要領の作成のアドバイスを聴くこともできると思います。

〔2〕労災認定のバイブル「労災保険 業務災害・通勤災害認定の理論と実際」の改訂

　本書は、労働基準監督署における労災認定の基礎的な資料の一つであり、総論的な説明と各論的な説明が詳細に記されています。第1章第3節3に記載したとおり、総論的な説明の部分においては、長谷川夷一郎著書のほ

ぼ丸写しのまま直近の改訂版にも記載されています。いわゆる災害主義に基づく考え方の記載ですので、改訂する必要があります。

〔3〕厚生労働本省から労働局・労働基準監督署へのその他の支援

　労災認定に係る業務に関するその他の支援としては、研修があります。労働行政の職員向けの研修のため、独立行政法人労働政策研究・研修機構（JILPT）が運営する労働大学校が埼玉県朝霞市にあります。宿泊施設もあって年間計画に基づいて全国の労働行政職員を担当や経験年数によって区分し、1～2週間などの一定期間の研修を行っています。筆者も比較的若い労災担当職員に対する講義をしていたことがあり、2005年度（平17）～2012年度（平24）の8年間、「最近の職業病」というテーマで毎年1回、3時間の講義をさせていただきました。

　上記は本省で計画して行う研修ですが、各都道府県労働局ごとに管内の労働基準監督署の担当職員を集めて半日単位、1日単位などの研修を計画して行っています。この場合には本省の担当官を講師に招聘したり、大学教授等の専門家を講師に招聘したりして行っていますが、どのぐらいの頻度で行うか、などは各都道府県労働局に任されているようで、全国均一的に行われているものではないようです。筆者は某都道府県労働基準局（労働局の前身）の幹部として勤務していた1998年（平10）に、石綿による疾病の労災請求が増加してきたこともあって労働基準監督署からの要望により石綿関連疾患の労災認定について職員向けの講義をしたことがあります。

　今後は、労災担当職員の研修の在り方を十分に検討し、中長期的な計画を策定するなどにより効果的な研修の実施に努める必要があります。内容としては法令・通達の範囲にとどまらず、労災補償の仕事の意義、心構えなどに加えて、量－影響関係を含めた医学の基礎も研修の内容とする必要があります。

4 業務上疾病の労災補償状況の統計

〔1〕2つの業務上疾病統計

　現在、一般によく使われる業務上疾病統計は、労働災害発生後に事業者に労働基準監督署への提出を義務づけている「労働者死傷病報告」の全国集計です。1月～12月の暦年を単位として集計されたものが公表されています。労働者が退職後に発病した職業がんや振動障害については上記の報告の対象から外れるので集計されていないこと、事業者が報告の提出を怠ることがあることその他の欠点があります。

　もう一つは、全国の労働基準監督署において労災認定された事例の全体集計です。4月～3月の年度を単位として集計されています。現在は厚生労働省ホームページの「統計情報・白書」の中には掲げられておらず、「政策について」の中の奥深いところに「業務上疾病の労災補償状況調査結果（全国）」として掲載されており、産業医学の研究者すら知らない方が多いようです。しかも新たな年度の集計結果が掲載されるとそれまで掲載していたものを削除していますので、その都度自分で保存ないしはプリントアウトをしておきませんと過去に遡って把握することもできません。また、業務上疾病リストの大分類ごとの認定数は掲げていますが、小分類ごとの認定数は把握されておらず、主要な業務上疾病ごとの認定数が把握・公表されているにとどまっています。

　上記二つの業務上疾病統計は荒い分類の集計・公表しか行っていないので、例えば、鉛中毒が何人発生したのかすら分かりません。統計とは別に事例の紹介が厚生労働省ホームページに掲載されることがあり、参考にはなりますが、全体の発生数の統計は把握できません。

〔2〕労災認定数の統計の在り方

　業務上疾病統計に限らず、およそ統計というものは行政施策の原点にもなる極めて重要なものですので、的確なデータの把握と公表が必要です。最近では厚生労働省をはじめいくつかの省庁の統計において極めて不適

切な処理が行われていたことが問題になりました。これは、大幹部の職員が統計を軽視し、有能な職員を統計の担当部署に配置していなかったことも原因の一つと考えられます。産業保健分野においても怪しげなデータを公表している例があり、担当部署において適切な処理がなされていない可能性があります。

　業務上疾病統計につきましては、できれば２種類の統計は統一すべきであると考えられます。漏れなどが少ないと考えられる労災補償状況を中心とすることが適当であると思われます。しかし、現状では業務上疾病の分類が難しいという面があります。システムにより形式的には把握していますが、分類間違いが多いと考えられますので、システムから得られるデータをそのまま統計資料とは使用できないという現実があります。そこで前記の「業務上疾病の労災補償状況調査結果（全国）」というのはシステムとは別に特別調査を毎年度行って集計しています。このような統計ではすべての業務上疾病の詳細を把握することが困難であり、統計を政策立案に活用することも十分にできていません。

　そこで、今後に向けた業務上疾病の統計は、AI（人工知能）を利用して業務上疾病の的確な分類を行い、これをシステムに適用して詳細なデータの把握と解析を行うことにより、政策立案に十分活用できる方法が考えられます。もちろん結果の詳細の公表と経年的な結果の蓄積をしなければなりません。

5　AIの導入による労災認定は不適切

　将来、AIを導入して労災認定のための判定を行おうという議論が生じてくる可能性が十分にあります。不公正な判定を回避できたり、判定の手間暇が削減できるなどメリットはありますが、次の理由によりAIによる判定は避けなければなりません。

　業務上疾病の発病には、有害要因の医学的解明が欠かせません。例えば、職業がんにつきましては、がん発生のそもそものメカニズムが十分には解明されていません。ばく露物質等の発がん性の有無や量－影響関係の解明

も必要です。また、労災認定のためには発がん物質等へのばく露の程度の評価が主に考慮されます。しかし、実際には人体の有する免疫（がん細胞などをやっつける能力）の強さが大いに関係していますが、そのメカニズムはほとんど解明されていません。このような未解明部分が近い将来解決するとは考えられません。

また、これらの未解明部分が相当程度解明されるようになり、発がん性の強さを数量化したり、免疫の強さを数量化しても、これらは全く異質のものですから、数量を適切に比較検討することが極めて困難です。数量の比較ができるようにするためには、システムの設計段階で極めて大胆な前提を置くことになり、適切な判定を導くのは事実上できないと考えられます。

以上のことから、職員の業務量の削減になる、職員が楽をできるといった安易な考えから、AIを労災認定の判定に導入してはなりません。

第3節　労災認定の実務

1　概　説

労災認定の実務は、労災請求がなされた時から開始されます。労災請求の請求人は被災労働者又は死亡された場合はその遺族若しくは葬祭を行う者です。事業場の関係者の中には、労災認定の事例が生ずると、メリット制により労働保険料の国への支払額が増加することから労災請求を望ましくないと考え、労災請求をさせないように働きかけたりする例が散見されますが、そもそも労働災害を発生させたのは事業主の責任であることを考えると全く見当違いの考え方といえます。むしろ、可能な範囲で労災請求を支援すべきものです。事業場の関係者の対応が悪いと民事上の損害賠償請求訴訟を誘発しかねません。

請求書を受理する労働基準監督署の職員は、前記の第1節の2の〔4〕の事例のような間違った対応をしないように留意する必要があります。

負傷やこれによる死亡の場合は、最低限必要な事項の記載の確認をする

ことで多くの場合は労災認定がなされますが、中には注意を要するものもあり、次のような事例があります。

　筆者が某労働基準局（現・労働局）の幹部を務めていた時期に、建設業労働者が労働災害により死亡した事例について遺族から所轄の労働基準監督署に労災請求がありました。地元の与党国会議員から県副知事（労働省からの出向者）を経由して筆者に「早期に認定するよう」要請がありました。労災請求のあった労働基準監督署の署長らに事情を聴いたところ、労災保険給付の請求書に被災労働者が所属していた元請会社から「労働契約書」の写しが添付されて提出されているとのことでした。その後、3か月程度の期間を経て労働基準監督署長から報告があり、元請会社に重ねて事情聴取をしていたところ、死亡された労働者は実際には一人親方であって特別加入をしていなかったことから、遺族を助けるために労災認定されるよう労働契約書を偽造し元請会社の労働者であることを偽装したことを認めたということでした。労災請求に際して一般的には「労働契約書」の添付は不要であるうえに小規模な建設業では労働者を採用するに際して「労働契約書」を交わすことは少ないことから不審に思った監督署職員が調査した結果判明したものです。

2　業務上疾病に関する認定の実務

　通常は、労災請求があってから認定の可否についての調査が開始されますが、労災保険給付請求書の提出の前に被災労働者等から労働基準監督署に労災請求についての相談がなされることがあります。このような事例で、例えば、じん肺症に係る労災請求をしようとしているのにじん肺管理区分の決定を受けていない場合、振動障害に係る労災請求をしようとしているのに振動障害健康診断を受けていない場合などの事例については、1976年（昭51）8月9日基発第571号「職業性疾病の疑いのある労働者に対する診断サービス及び所属事業場の環境測定等の実施について」を活用できる場合があります。被災労働者の支援をするための通達ですので、その活用が可能な場合には相談者にアドバイスする必要があります。

業務上疾病にかかり、あるいはそれにより死亡して労災請求が所轄の労働基準監督署になされますと、労災保険請求書に診断書などが添付されているかなど必要な書類を確認して受理されます。なお、事業主の中には労災請求されることを不満に思い、請求書の中の事業主証明欄に記述したり押印することを拒む者がありますが、請求人がその旨を労働基準監督署に申し立てれば、請求書は受理されます。

労働基準監督署では、労災請求を受理した後、被災労働者が労働者であること（労働者性）の確認、保険給付の金額の算定に必要な給付基礎日額（平均賃金に相当する賃金）の調査、業務上疾病が業務に起因するものであることの確認などを行うことになります。

業務上疾病の中には、時刻や場所が特定できる出来事により有害要因への大きなばく露（吸入したり皮膚等に接触し又は触れること）により生ずるものがあります。例えば、腰部への急激な大きな負荷があって生ずる急性の腰痛（災害性腰痛）、化学物質が漏れるなどにより大量にばく露して生ずる急性中毒、酸素が欠乏している場所に入ることなどによって生ずる酸素欠乏症などがこれに当たります。このような事例については、有害要因への大きなばく露が生じた出来事の有無とその内容について被災労働者本人やそばにいた労働者その他事業場の関係者に聴取りを行うことで確認し、比較的簡単な調査により労災認定の判断を行うことができます。

一方、有害要因に少しずつ長期間にわたってばく露することによって生ずる業務上疾病があります。じん肺症やその合併症、化学物質による慢性中毒、職業がん、振動障害、上肢障害（頸肩腕症候群など）、腰部に負担のかかる作業を長期間行うことにより生ずる慢性の腰痛（非災害性腰痛）などがこれに当たります。このような事例については、有害要因にばく露した職業歴を相当期間にわたって調査する必要があり、発病時や発病直近の時期の所属していた事業場だけでなく、それ以前に所属して有害要因へのばく露がある事業場における作業内容、従事期間、可能である場合には健康診断結果、作業環境測定結果等も含めて調査します。

例えば、じん肺症・その合併症の場合には、その原因となる粉じん作業に従事した労働者は、通常じん肺健康診断を受けており、その結果は「じん肺健康診断結果証明書」（じん肺法施行規則様式第3号）に記載され、

記載事項には「粉じん作業職歴」があり、「現在の事業場に来る前」と「現在の事業場に来てから」に区分して記載することになっています。したがって、じん肺症・その合併症の場合はこの「じん肺健康診断結果証明書」を入手する必要があります。

　調査に先立って、該当する認定基準を示した局長通達や留意事項を示した補償課長通知があるものについては、これらを確認して調査に必要な事項を確認し、漏れのないようにします。業務上疾病のうち、どのような調査をしたらよいかが「調査実施要領」として本省から示されているものがあり、これに沿って調査を行うことになります。電離放射線障害、石綿関連疾患、過重負荷による脳・心臓疾患、心理的負荷による精神障害などについて調査実施要領が示されています。

　業務上外の判断の経験の少ない労災請求事例について、関連する知識を確認するため、労働省労働基準局編著（1997）労災保険 業務災害及び通勤災害認定の理論と実際（上巻・下巻）の各論の該当部分を調べておきます。

　労災請求のあった業務上疾病については、原則として主治医に意見書の記述をお願いします。主治医の意見書には、初診年月日、臨床所見とその経過、診断名、業務起因性の有無についての意見等を記載していただくとともに、必要な場合にはカルテや検査結果を記した伝票などのコピーの提出をお願いします。

　労災請求のあった業務上疾病の調査が一応終わった時点で、労働基準監督署において検討を行い、追加調査の必要性、地方労災医員・大学教授等の専門家に対する意見書の提出依頼の要否、都道府県労働局に対する協議の要否等を決めることにします。

　現在の厚生労働省の職員には知らない者が多くなっていますが、1988年（昭63）から（公財）産業医学振興財団が発行している「産業医学レビュー」という医学情報誌があります。内容は医学論文雑誌ともいえるもので、当時に研究所長の仕事から退職された坂部弘之先生が構想を練って始められた雑誌ですが、坂部弘之先生の考えておられた主たる発行目的は産業医学情報を厚生労働省、その下部組織である都道府県労働局と労働基準監督署の職員に届けるというものです。内容は、産業医学の一定のテーマについてその分野の専門家に依頼して総説論文を執筆していただき、掲

載するものです。総説論文といいますのは、執筆時点でそのテーマの最新の知見を多くの国の内外の論文を引用して書かれるもので、最新の医学の到達点が示されますので、行政官等が活用しやすいものとなっています。当初は年間4回の発行でしたが、最近では年間3回となっているとともに、紙ベースの雑誌の販売は廃止されてウェブ上で無料で閲覧できるようになっています。年に1回、1988年（昭63）以降の全ての総説論文の目次が示されていますので、医学的知見を必要とする特定のテーマを探して参照することをお勧めします。

3　労災認定に当たっての心構え

　労働基準監督署・都道府県労働局において労災認定の実務に当たられる職員は、本書に記述したことがらを丁寧に読んでいただき、「曇りのない真心」をもって公正な労災認定に努めていただきたいと思います。
　要点をまとめると、次のとおりです。
① 　関係職員の皆様は、「労働者保護」という崇高な仕事に就いており、誇りと使命感、責任感をもっていただきたい。
② 　一般人にも多いですが、特に国家公務員は「無意識のうちに、自分の立場でしか物事を考えることができない」傾向が強いです。これをクリアするのはなかなか難しいですが日々意識することでクリアできるようになります。
③ 　短期間の業務だけに着目する「災害主義」は間違いですので、被災労働者の業務の全体を評価して業務上外の判断をするようにしてください。
④ 　「災害主義」を基礎とした複数業務要因災害に関する保険給付は、「災害主義」を脱却することにより不要の保険給付制度であることを理解していただきたい。

おわりに

　「労災認定」は一般の方にはなじみの薄いテーマです。このため、記述した内容を多くの方に理解していただけるように何度も推敲を重ねましたが、筆者の国語力が劣るゆえに十分には分かりやすくはならなかったと思います。とりわけ本文中にも記述しました、「多くの人は無意識のうちに、自分の立場でしか物事を考えることができない」ということに筆者自身も陥っているのではないかと心配をしています。そこで難しいと思われる用語については、可能な限り注釈をつけるなどの工夫をしました。なお、本書の執筆開始時点では、労災補償を担当する行政官向けの解説書とする考えでしたので相当に固い表現でしたが、「2020年（令2）の労働者災害補償保険法の改正が間違っている」という記述を含ませるようになり、行政官の勉強材料には不向きの面がありますので、一般向けの書籍とすべく全体を修正しました。

　次に、筆者自身は普通の事務屋であり、研究者・学者などではなく、記述内容についての法律的側面などの専門知識は極めて不十分でありますので、執筆中のある時期には弁護士などの法曹界の知識人にご指導をいただいて共著とすることまでも考えたことがありました。しかし、こうした知識人に心当たりの知合いもないので、結局筆者自身の単著としました。

　また、本書の内容は、労災補償、労災認定というテーマですので、関係する学会である（一社）日本産業保健法学会、（一社）日本職業・災害医学会、（公社）日本産業衛生学会などの学会員の先生方のご意見、ご批判をいただきたいと考えています。特に、上記の法律改正につきましては、これらの学会、法曹界、さらにはマスコミなどから間違いの指摘や批判などがなされているかどうか筆者は把握できておりませんので、筆者の考えの適否についてのご指摘を期待しています。御意見、ご批判は次のメールアドレスにお寄せいただきたくお願い申し上げます。ただし、お寄せいただいたメールに全て回答できるかまではお約束しかねます。

　ishii_yoshimasaz@yahoo.co.jp

　本書の発行に当たりましては、分かりやすい記述になっているか、という視点から労災補償、労災認定にこれまでご縁の薄かった田中希実子様（東

京産業保健総合支援センター産業保健専門職・保健師）にご指導をいただき、また、出版に際しましては、労働新聞社の伊藤正和様の多大のご支援をいただきました。ここに記して深謝申し上げます。

労災認定の光と影　－業務災害の公正な認定を目指して－

2024年11月11日初版

著　　者　　石井　義脩

発 行 所　　株式会社労働新聞社
　　　　　　〒 173-0022　東京都板橋区仲町 29-9
　　　　　　TEL：03-5926-6888（出版）　03-3956-3151（代表）
　　　　　　FAX：03-5926-3180（出版）　03-3956-1611（代表）
　　　　　　https://www.rodo.co.jp　　　pub@rodo.co.jp

表　　紙　　辻　聡
印　　刷　　株式会社ビーワイエス

ISBN 978-4-89761-999-6

落丁・乱丁はお取替えいたします。
本書の一部あるいは全部について著作者から文書による承諾を得ずに無断で転載・複写・複製することは、著作権法上での例外を除き禁じられています。

私たちは、働くルールに関する情報を発信し、
経済社会の発展と豊かな職業生活の実現に貢献します。

労働新聞社の定期刊行物のご案内

「産業界で何が起こっているか？」
労働に関する知識取得にベストの参考資料が収載されています。

週刊 労働新聞

タブロイド判・16ページ　月4回発行
購読料：税込46,200円（1年）　税込23,100円（半年）

労働諸法規の実務解説はもちろん、労働行政労使の最新の動向を迅速に報道します。
個別企業の賃金事例、労務諸制度の紹介や、読者から直接寄せられる法律相談のページも設定しています。　流動化、国際化に直面する労使および実務家の知識収得にベストの参考資料が収載されています。

安全・衛生・教育・保険の総合実務誌

安全スタッフ

B5判・58ページ 月2回（毎月1・15日発行）
購読料：税込46,200円（1年）　税込23,100円（半年）

●産業安全をめぐる行政施策、研究活動、業界団体の動向などをニュースとしていち早く報道
●毎号の特集では安全衛生管理活動に欠かせない実務知識や実践事例、災害防止のノウハウ、法律解説、各種指針・研究報告などを専門家、企業担当者の執筆・解説と編集部取材で掲載
●「実務相談室」では読者から寄せられた質問（人事・労務全般、社会・労働保険等に関するお問い合わせ）に担当者が直接お答えします！
●連載には労災判例、メンタルヘルス、統計資料、読者からの寄稿・活動レポートがあって好評

上記定期刊行物の他、「出版物」も多数　https://www.rodo.co.jp/

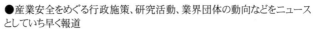

購読者が無料で利用できる
労働新聞　安全スタッフ 電子版
をご活用ください！
PC、スマホ、タブレットで
いつでも閲覧・検索ができます

労働新聞社　検索

〒173-0022　東京都板橋区仲町29-9　TEL 03-3956-3151　FAX 03-3956-1611